Zukunftsorientiertes Management

Dominic Lindner

Zukunftsorientiertes Management

Innovative Strategien in einer dynamischen Welt

Dominic Lindner
Agile Unternehmen e.V.
Nürnberg, Deutschland

ISBN 978-3-658-45163-9   ISBN 978-3-658-45164-6 (eBook)
https://doi.org/10.1007/978-3-658-45164-6

Die Deutsche Nationalbibliothek verzeichnet diese Publikation in der Deutschen Nationalbibliografie; detaillierte bibliografische Daten sind im Internet über https://portal.dnb.de abrufbar.

© Der/die Herausgeber bzw. der/die Autor(en), exklusiv lizenziert an Springer Fachmedien Wiesbaden GmbH, ein Teil von Springer Nature 2024
Das Werk einschließlich aller seiner Teile ist urheberrechtlich geschützt. Jede Verwertung, die nicht ausdrücklich vom Urheberrechtsgesetz zugelassen ist, bedarf der vorherigen Zustimmung des Verlags. Das gilt insbesondere für Vervielfältigungen, Bearbeitungen, Übersetzungen, Mikroverfilmungen und die Einspeicherung und Verarbeitung in elektronischen Systemen.
Die Wiedergabe von allgemein beschreibenden Bezeichnungen, Marken, Unternehmensnamen etc. in diesem Werk bedeutet nicht, dass diese frei durch jedermann benutzt werden dürfen. Die Berechtigung zur Benutzung unterliegt, auch ohne gesonderten Hinweis hierzu, den Regeln des Markenrechts. Die Rechte des jeweiligen Zeicheninhabers sind zu beachten.
Der Verlag, die Autoren und die Herausgeber gehen davon aus, dass die Angaben und Informationen in diesem Werk zum Zeitpunkt der Veröffentlichung vollständig und korrekt sind. Weder der Verlag noch die Autoren oder die Herausgeber übernehmen, ausdrücklich oder implizit, Gewähr für den Inhalt des Werkes, etwaige Fehler oder Äußerungen. Der Verlag bleibt im Hinblick auf geografische Zuordnungen und Gebietsbezeichnungen in veröffentlichten Karten und Institutionsadressen neutral.

Planung/Lektorat: Ann-Kristin Wiegmann
Springer Gabler ist ein Imprint der eingetragenen Gesellschaft Springer Fachmedien Wiesbaden GmbH und ist ein Teil von Springer Nature.
Die Anschrift der Gesellschaft ist: Abraham-Lincoln-Str. 46, 65189 Wiesbaden, Germany

Wenn Sie dieses Produkt entsorgen, geben Sie das Papier bitte zum Recycling.

Vorwort

Ich bin im Jahr 2015 ins Arbeitsleben gestartet und habe durch zahlreiche Tätigkeiten während meiner Studienzeit bereits zuvor viele Einblicke in die Arbeitswelt nehmen können. In dieser Zeit habe ich festgestellt, dass die Generation Y, Fachkräfte, Agilität und die Handhabung des Wachstums von Unternehmen aktuelle Herausforderungen für Unternehmen sind. Ähnliches gilt für die Digitalisierung und die neuen Möglichkeiten u. a. durch Homeoffice und Cloud Computing.

Unternehmen setzten in dieser Zeit viel auf Wachstum und Investition: Es war die Zeit der Ablöse der ‚alten grauen Männer' durch eine neue Generation von Managerinnen und Managern. Dabei war eines nicht zu übersehen: Geld war ausreichend vorhanden, sodass sich in der Arbeitswelt eine neue Gemütlichkeit etabliert hat. Neben der Option auf Homeoffice richteten Unternehmen ganze Kinosäle ein und es wurden interne Massage- und Yogaangebote kreiert. Entwicklungen dieser Art sind in Zeiten des Wohlstands gut umsetzbar. Auf dieser Basis baute ich auch meine ersten vier Fachbücher sowie meine Forschungsarbeit bis zum Jahr 2020 auf.

Nachdem meine Publikationen während der COVID-19-Pandemie die virtuelle Arbeitswelt beleuchtet haben, stellte das Ende der damit verbundenen Maßnahmen den Einstieg in die hybride Arbeitswelt dar – also der Vermischung von ‚Home' und ‚Office'. Dies war die Inspiration für meine letzten zwei Fachbücher aus den Jahren 2020 und 2022. Seitdem habe ich die Arbeitswelt aufmerksam beobachtet und bin seit 2019 selbst als Führungskraft tätig. Damit sitze ich am Hebel und habe die Verantwortung, Entscheidungen über die Art und Weise, wie wir arbeiten, selbst zu treffen. Das geschieht immer im Spannungsfeld zwischen Menschlichkeit und Wirtschaftlichkeit. Weiterhin bin ich eingebunden im Recruiting und so auch für die Rentabilität meines Teams verantwortlich, das mittlerweile knapp 30 Mitarbeitende umfasst.

Unter anderem konnte ich feststellen, dass die Generation Z völlig neue Anforderungen als noch vorherige Generationen an die Arbeitswelt stellt und Unternehmen vermehrt Personal in Teilzeit einstellen. Auch fordert die drohende Rezession in Deutschland einen stärkeren Fokus auf Rentabilität und Optimierung von Prozessen. Zudem ist auf die Initiative einer Reihe engagierter, meist jugendlicher, Personen hin ein verstärktes Bewusstsein für Umwelt und Nachhaltigkeit in die öffentliche Wahrnehmung gerückt und nicht zuletzt leitete ChatGPT eine neue Ära der Künstlichen Intelligenz (KI) in Unternehmen ein. Auch zeigt sich für mich eine hohe Unsicherheit in der Gesellschaft. Dabei wird die Vermittlung von Sicherheit und Struktur wieder mehr in den Vordergrund gerückt. Die Führung von Personen in Zeiten der Krise war nicht Teil des Werkzeugkoffers meiner Ausbildung als Führungskraft und stellte auch mich vor ungekannte Herausforderungen.

Dies hat mich dazu bewogen, ein weiteres Fachbuch zu veröffentlichen, in dem ich diese neuen Herausforderungen aus wissenschaftlicher Sicht beleuchte, um anschließend praktische Empfehlungen aus meiner Erfahrung als Führungskraft zu geben. Ich wünsche Ihnen viel Spaß beim Lesen!

Um mit gutem Beispiel voranzugehen, habe ich wie in meinem Fachbuch empfohlen, meine CO_2-Emissionen durch eine Spende an Atmosfair ausgeglichen. Zudem war mir bei der Gestaltung dieses Fachbuchs die Berücksichtigung von Gendergerechtigkeit, Diversity und fairen Argumenten ein zentrales Anliegen. Trotz sorgfältiger Prüfung ist es nicht auszuschließen, dass unbeabsichtigte Zweideutigkeiten entstanden sind oder Aspekte übersehen wurden, die diesen Prinzipien zuwiderlaufen könnten. Ich verurteile jegliche Form von Rassismus und unfairer Behandlung und habe die Inhalte sowie die Beispiele dieses Werkes dahingehend sorgfältig geprüft. Sollten dennoch Unklarheiten oder Missverständnisse bestehen, bitte ich um Entschuldigung und stehe für eine direkte Kontaktaufnahme zur Klärung bereit.

Nürnberg, Deutschland   Dr. Dominic Lindner
Juni 2024

Inhaltsverzeichnis

1 **Neue Herausforderungen für Unternehmen 2024** 1
   Literatur 4

2 **Erläuterung und Diskussion der neuen Herausforderungen 2024** 5
   2.1 Der Standort Deutschland 6
   2.2 Rentabilität in Unternehmen 7
   2.3 Die neue Arbeitswelt 2024 9
   2.4 Führung im Jahr 2024 11
   2.5 Das Zeitalter der KI 12
   2.6 Nachhaltigkeit und Umweltbewusstsein 13
   2.7 Fazit 15
   Literatur 15

3 **Wirtschaftslage in Deutschland und Strategien zur Rentabilitätssteigerung** 19
   3.1 Zahlen, Daten und Fakten zur Wirtschaftslage 19
   3.2 Ursachen und Charakteristika der Wirtschaftslage 23
   3.3 Strategieausrichtung anhand der Wirtschaftslage 26
      3.3.1 Controlling gewinnt an Bedeutung 26

Inhaltsverzeichnis

	3.3.2 Fallstudie für Projektcontrolling eines Kundenprojekts	27
	3.3.3 Interne Prozesse messen und optimieren	29
	3.3.4 Gehälteranalyse	32
	3.3.5 Teamstrukturanalyse	35
	3.3.6 Investitionsplanung und Umsetzung interner Projekte	37
3.4	Fazit	41
Literatur		42

4 Arbeitswelt 2024: Fachkräftemangel, Diversity und Generation Z — 45
- 4.1 Fakten zum Fachkräftemangel — 45
- 4.2 Diversity in Unternehmen — 49
- 4.3 Generation Z — 52
- 4.4 Moderne Recruiting-Maßnahmen und Personalmarketing — 56
  - 4.4.1 Personalmarketing am Beispiel LinkedIn — 59
  - 4.4.2 Instagram, TikTok und Reels — 65
  - 4.4.3 Fallstudie: Recruiting und KI — 67
- 4.5 Moderne Benefits für Fachkräfte — 72
- 4.6 Fazit — 75
- Literatur — 76

5 Moderne Führungsansätze — 79
- 5.1 Studien zu Unsicherheit bei Mitarbeitenden — 80
- 5.2 Führung in Zeiten der Unsicherheit — 82
  - 5.2.1 Identifikation von Unsicherheiten — 83
  - 5.2.2 Lösung von Unsicherheiten — 85
  - 5.2.3 Lösung von negativen Denkmustern — 91
- 5.3 Konsequenz in der Führung — 95
- 5.4 Fazit — 100
- Literatur — 101

6 KI in Unternehmen 103
6.1 Was ist KI? 104
6.2 Wissenschaftliche Erkenntnisse zur KI 106
6.3 Möglichkeiten durch KI 108
6.4 Rentabilität und KI 112
6.5 Gesetze, Datenschutz und Ethik 114
6.6 Interview mit einem KI-Experten 116
6.7 Fazit 120
Literatur 120

7 Nachhaltigkeit und Umwelt in Unternehmen 121
7.1 Studien zu Nachhaltigkeit in Unternehmen 122
7.2 Nachhaltigkeitsstrategien in Unternehmen etablieren 124
7.3 Maßnahmen für Unternehmen 127
    7.3.1 CO_2-Emissionen ausgleichen 128
    7.3.2 CO_2-Emission reduzieren im Unternehmen 130
    7.3.3 Fallstudie eines nachhaltigen IT-Unternehmens 131
7.4 Marketingstrategien für die Maßnahmen 134
7.5 Fazit 135
Literatur 136

8 Handlungsempfehlungen und Fazit 137

1

Neue Herausforderungen für Unternehmen 2024

Was Sie in diesem Fachbuch finden können

- Grundlagen und Hintergründe zur aktuellen Situation in Deutschland
- Neue Herausforderungen 2024 für Unternehmen wie z. B. KI, Fachkräftemangel, Generation Z, Nachhaltigkeit, Führung und Rentabilitätssteigerung
- Wissenschaftliche Erkenntnisse zu den Herausforderungen
- Praktische Lösungen und Beispiele zu den Herausforderungen

Wer dieses Fachbuch lesen sollte

- Praktiker*innen, Unternehmer*innen, Entscheider*innen, Berater*innen und Expert*innen mit Schwerpunkt auf digitaler Arbeitswelt und Organisationsentwicklung
- Dozierende und Studierende aus den Bereichen der Betriebswirtschaft und der Wirtschaftsinformatik

In einer Zeit, die durch ständigen Wandel und unerwartete Herausforderungen geprägt ist, scheinen die einzigen Konstanten der Wandel selbst und die Anpassungsfähigkeit zu sein, die dieser erfordert. In der Phase zwischen 2015 und 2020 erlebte nicht nur die Arbeitskultur eine Veränderung, sondern auch die Architektur der Arbeitsstätten selbst. Beispiele sind Unternehmen wie Adidas und DATEV in Deutschland, die High-Tech-Gebäude entwarfen und konstruierten, die nicht nur als Büros dienen, sondern Inspiration und Kreativität fördern sollten. Die neue Hauptzentrale von Adidas in Herzogenaurach, auch ‚Herzobase' genannt, ist nicht bloß ein Gebäude, sondern ein Zentrum der Zusammenarbeit, das Mitarbeitende aus aller Welt anzieht. Auch DATEV, bekannt für seine Softwarelösungen in den Bereichen der Steuerberatung und der Wirtschaftsprüfung, eröffnete ein futuristisches Bürogebäude in Nürnberg. Mehr als nur ein Ort zum Arbeiten, präsentierte sich dieses als Raum für Ideen, Zusammenarbeit und digitale Innovation. Mit nachhaltigen Konzepten und modernster Technologie schufen auch zahlreiche andere Unternehmen, z. B. SAP, Bayer, Siemens, Zalando und Volkswagen, neue Arbeitsumgebungen, die dem Puls der Zeit entsprechen und die Mitarbeitenden dazu inspirieren sollten, über die gewohnten Grenzen hinauszugehen. Beispiele sind ergonomische Möbel, die an die Bedürfnisse der Mitarbeitenden angepasst sind, sowie flexible Arbeitsbereiche, die es ermöglichen, zwischen verschiedenen Arbeitsmodellen wie Einzelarbeit, Teamarbeit oder informellem Austausch zu wechseln. Dazu kommen Wellness- und Entspannungsbereiche, in denen der Fokus auf dem Wohlbefinden der Mitarbeitenden liegt. Von Yoga- und Fitnessstudios über Ruhezonen bis hin zu Grünflächen im Inneren des Gebäudes – diese Orte waren als Raum für Entspannung und Regeneration gedacht.

Mit der COVID-19-Pandemie und den damit verbundenen Umstellungen wurde diese Realität erschüttert: Das Homeoffice wurde zur Norm, die Digitalisierung erlebte einen raschen Aufschwung und die Grenzen zwischen der physischen und der virtuellen Arbeitswelt begannen zu verschwimmen. In dieser neuen Ära des Homeoffice und der digitalen Transformation investierten Unternehmen massiv in Softwarelösungen, um ihren Mitarbeitenden ein nahtloses mobiles Arbeitsumfeld zu bieten. Eine Vielzahl von Tools wurde eingeführt, um die Kluft zwischen dem Büro und dem Wohnzimmer zu überbrücken.

Nach Ende der Pandemiemaßnahmen lag der Fokus auf der Rückkehr ins Büro, also auf einer hybriden Arbeitslandschaft, die die Vereinigung von Home und Office bedeutet. Dieses Thema habe ich bereits in meinem Fachbuch „Hybride Arbeitswelt" (Lindner 2022) vertieft. Zugleich ist die Geschichte weitergegangen und brachte einen erschütternden Krieg in Europa, der begleitet wird durch eine wirtschaftliche Rezession infolge der Pandemie, durch Lieferengpässe und nicht zuletzt durch den Mangel an Fachkräften sowie den demografischen Wandel mit dem Eintritt der Generation Z in die Arbeitswelt. Während sich die Unternehmen durch den Verzicht auf das Russlandgeschäft sowie durch Sparmaßnahmen zu drastischen Änderungen gezwungen sahen, machte der zunehmende Trend zu Nachhaltigkeit und Umweltbewusstsein einen Spagat zwischen Kostenreduktion und Investitionen notwendig. Gleichzeitig betrat ChatGPT die Bühne und läutete das Zeitalter der Künstlichen Intelligenz ein, dass die Arbeitswelt in unvorhersehbare Bahnen lenken wird und neue Herausforderungen schafft. Managerinnen und Manager sind nun gefragt, auf diese Herausforderungen konstruktiv und mit einem gewissen Weitblick zu reagieren. Genau mit diesen neuen Herausforderungen und Lösungen wird sich dieses Fachbuch befassen.

In diesem Fachbuch gehe ich auf fünf Schwerpunkte ein, die das moderne Management ab dem Jahr 2024 nachhaltig beschäftigen werden. Das Besondere ist, dass diese Herausforderungen auch für die aktuelle Fachliteratur noch neu sind. Während sich Kap. 3 damit beschäftigt, diese Herausforderungen näher zu erläutern, sind alle Kapitel nach einem einheitlichen Schema aufgebaut. Zuerst werden aktuelle Nachrichten aus relevanten Fachmagazinen vorgestellt und durch wissenschaftliche Studien untermauert, um ein umfassendes Verständnis für die betreffende Herausforderung herzustellen. Im Anschluss werde ich aus den Daten und Gesprächen mit Expertinnen und Experten sowie aus meiner eigenen Erfahrung heraus auf Basis der vorliegenden Erkenntnisse praxisnahe Empfehlungen für den Berufsalltag ableiten (vgl. Abb. 1.1).

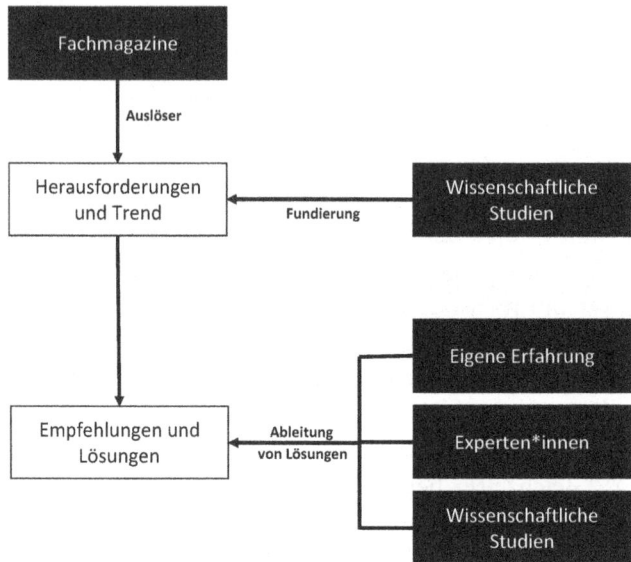

Abb. 1.1 Methodik und Aufbau der Fachbuchartikel. (Eigene Darstellung)

Literatur

Lindner, D. (2022). Hybride Arbeitswelt Empfehlungen für die Arbeit zwischen Home und Office. Springer Gabler.

2

Erläuterung und Diskussion der neuen Herausforderungen 2024

In diesem Kapitel möchte ich auf die Veränderungen und neuen Herausforderungen in der Arbeitswelt 2024 eingehen. Normalerweise widme ich mich in meinen Fachbüchern im zweiten Kapitel wissenschaftlichen Studien. Diese möchte ich in diesem Fall aber jeweils in den einzelnen thematischen Kapiteln behandeln. In diesem Kapitel werde ich zuerst die jeweiligen Herausforderungen erklären und anschließend einige aktuelle Beiträge aus relevanten Zeitungen und Fachmagazin besprechen.

Warum sind in diesem Fall Zeitungen und Fachmagazine relevanter als wissenschaftliche Studien? Wissenschaftliche Studien bieten eine solide Grundlage für die Analyse und das Verständnis von Sachverhalten. Durch die Einbindung von aktuellen Beiträgen aus Fachmagazinen und Zeitungen wird eine zusätzliche Dimension in die Diskussion eingeführt. Diese Medien liefern nicht nur aktuelle Daten und Fakten, sondern dienen auch als Schnittstelle zwischen der wissenschaftlichen Forschung und der realen, sich rasch verändernden Arbeitswelt. Fachmagazine und Zeitungen sind oft die ersten Quellen, die auf neue Trends, Innovationen und Herausforderungen in der Wirtschaft hinweisen. Entscheidungsträger*innen in Unternehmen und Organisationen verfolgen diese Medien regelmäßig, um auf dem neuesten Stand zu bleiben und ihre Strategien entsprechend anzupassen.

Dies schafft nicht nur Relevanz, sondern bietet auch Einblicke in die Praxis und die konkreten Auswirkungen von Veränderungen in der Arbeitswelt. Durch diese multidimensionale Herangehensweise wird das Verständnis für die Herausforderungen und Dynamiken der modernen Arbeitswelt vertieft und eine Brücke zwischen theoretischem Wissen und praktischer Anwendung geschlagen.

2.1 Der Standort Deutschland

Zuerst möchte ich auf den Standort Deutschland eingehen. Um als Unternehmen erfolgreich zu sein, ist es besonders wichtig, dass auch die geografischen und die gesellschaftlichen Umstände verstanden werden. Es gibt Zeiten des Wachstums, Zeiten einer Rezession und Zeiten der Krise. Je nach Zeitpunkt gilt es andere strategische Ausrichtungen zu wählen.

In der ersten Schlagzeile in Abb. 2.1 wird festgestellt, dass die Wirtschaft in Deutschland 2023 um 0,5 % schrumpft. Geht die Wirtschaft zurück, verringert sich konsequenterweise auch das Wachstum von

Rentabilität

DEUTSCHE WIRTSCHAFT SCHRUMPFT IN DIESEM JAHR UM 0,5 PROZENT (HANS BÖCKLER STIFTUNG 26.09.2023)

Unternehmer sind so unzufrieden mit der Ampel wie selten (Handelsblatt 04.06.2023)

Deutsche Produktion sinkt erneut „In Talsohle angekommen" (Tagesschau 09.10.2023)

Miserable Noten für die Wirtschaftspolitik der Ampel (Frankfurter Allgemeine 16.10.2023)

So viele deutsche Firmen wie seit 15 Jahren nicht wandern aus kostengründen ab (Handelsblatt 11.04.2023)

Hohe Energiepreise und Standortnachteile: **Deutsche Unternehmen wandern „schleichend" ab - was das bedeutet (Fokus 04.05.2023)**

IT-Fachkräftemangel: Neues Rekordhoch in 2023 – trotz Massentlassungen (t3n 21.12.2023)

Abb. 2.1 Aktuelle Ausschnitte aus Zeitungen. (Eigene Abbildung – Quellen: siehe Anhang)

Unternehmen. Dies bedeutet, dass zum einen weniger Kund*innen und zum anderen weniger Aufträge auf Unternehmen zukommen. Bei einem Wirtschaftswachstum von 2 % wären die Bedingungen für Unternehmen, zu wachsen, deutlich besser. In diesem Fall sollten demnach Maßnahmen ergriffen werden, um einen wirtschaftlichen Einbruch des Unternehmens zu verhindern. Auch die Produktion in Deutschland ist, wie in einem weiteren Artikel berichtet wird, in einer „Talsohle" angekommen. Der populistische Charakter dieser Schlagzeilen ist unverkennbar, doch steckt dahinter trotzdem eine gewisse Wahrheit. Vor allem in Kap. 3 zur Rentabilität in Unternehmen wird vertieft darauf eingegangen werden, welche Faktoren zu dieser Entwicklung geführt haben, die sich auch durch wissenschaftliche Studien untermauern lassen.

Ich glaube, dass mit Sicherheit gesagt werden kann, dass die Wirtschaftspolitik der aktuellen Regierung in zahlreichen Artikeln stark kritisiert wird. Das betrifft vor allem den Umgang mit Zuwanderung und der Umweltpolitik. Insbesondere letzteres zwingt Unternehmen in einen Spagat zwischen Sparmaßnahmen und nachhaltigem Wirtschaften. Das ist problematisch, vor allem in Zeiten wie 2023. Weitere Defizite gibt es laut der Artikel beim Thema Steuern und auch in Bezug auf die Bürokratie in Deutschland, was aus den beiden Artikeln in der unteren Reihe hervorgeht: „Deutsche Unternehmen wandern ‚schleichend' ab", d. h. sie verlagern die Produktion und auch Niederlassungen zunehmend ins Ausland.

Insgesamt ergibt sich daraus aktuell keine positive Bilanz für den Standort Deutschland. Dabei gilt es nun auch hier, die Probleme gemeinsam anzugehen und gezielte Strategien der Krisenbewältigung anzuwenden. Als Vergleich kann das Jahr 2015 herangezogen werden: In diesem Jahr lag das Wirtschaftswachstum bei 1,3 %. Gleichzeitig wurde begonnen, die in der Einleitung angesprochenen Gebäude und Bürokonzepte zu errichten. In Kap. 3 zur Rentabilität werde ich anhand von Statistiken noch vertiefter auf den Standort Deutschland eingehen.

2.2 Rentabilität in Unternehmen

In diesem Abschnitt wird der Aspekt der Rentabilität von Unternehmen diskutiert. Besonders in Zeiten des Abschwungs der Wirtschaft und der gestiegenen Kosten ist es notwendig, dass Unternehmen die eigenen Zah-

Standort Deutschland

Insolvenzen in Deutschland häufen sich - Experten schlagen Alarm (Merkur 14.11.2023)

Immer mehr deutsche Unternehmen gehen Pleite (ZDF 14.11.2023)

Trotz voller Auftragsbücher: Teckentrup meldet Insolvenz in Eigenverwaltung an (Come-On.de 28.10.2022)

Warum es trotz Boom in der Baubranche eine Pleitewelle gibt (Manager Magazin 07.03.2022)

Deutschlands Unternehmen hängen zurück – und rechnen schon mit Entlassungen (Welt 14.09.2023)

Hohe Zinsen, schwache Konjunktur: Unternehmen in Deutschland kommen nur noch schwer an Kredite (Spiegel 16.10.2023)

Abb. 2.2 Schlagzeilen Rentabilität in Unternehmen. (Eigene Abbildung)

len im Auge behalten. Zu Beginn meiner Karriere hatten Rentabilitätsbetrachtungen von Projekten nicht unbedingt erste Priorität – ‚es ist ja genug Geld da'. Der Fokus lag vielmehr auf Wachstum und der Bewältigung einer hohen Flut an Aufträgen. Auch Projekte mit Verlust wurden durchgeführt.

Aus den ausgewählten Schlagzeilen in Abb. 2.2 lässt sich zunächst ablesen, dass die Zahl der Insolvenzen in Deutschland gestiegen ist. Dies spiegelt sich auch in den Statistiken, die in den folgenden Kapiteln angeführt werden, wider. Auch können viele deutsche Unternehmen den Erwartungen nicht entsprechen und erreichen die eigenen Umsatzziele nicht mehr. Da vor allem in den letzten Jahren im Zuge des Wachstums viele Mitarbeitende eingestellt wurden, ist angesichts der aktuellen Situation mit vermehrten Kündigungen zu rechnen. Zudem können Unternehmen, wenn die Unternehmenszahlen schlecht sind, selbst weniger investieren und erhalten entsprechend schwerer einen Kredit.

Ein spannendes Phänomen ist, dass Unternehmen trotz voller Auftragsbücher sparen müssen oder im schlimmsten Fall sogar in eine Insolvenz steuern. Auch in mir bekannten Unternehmen in der IT-Branche werden aktuell erfolgreich erreichte Umsatzziele kommuniziert, während zugleich Sparmaßnahmen gemeldet werden. Der Grund ist, dass zwar die Umsätze steigen, aber die Gewinne deutlich weniger werden, weil die internen Kosten zunehmen. So können Unternehmen, wenn ihre eigenen Prozesse ineffizient oder nicht effizient genug sind, Projekte nicht mehr rentabel durchführen. Dies hat nicht zuletzt damit zu tun, dass Kund*innen deutlich mehr Preisnachlass verlangen, während gleichzeitig gestiegene Material- und Stromkosten die Preise von Projekten in die Höhe treiben. Auf diesen Spagat werde ich in Kap. 3 näher eingehen.

2.3 Die neue Arbeitswelt 2024

Im Folgenden soll der Blick auf Schlagzeilen zur aktuellen Arbeitswelt gerichtet werden. In Abb. 2.3 zeigt sich ein scheinbarer Widerspruch: Während auf der der linken Seite thematisiert wird, dass die Menschen nur noch vier Tage arbeiten wollen, geht auf der rechten Seite hervor, dass Stellen abgebaut werden. Wie passt das zusammen?

Die Divergenz wird wohl am besten durch die Schlagzeile von t3n deutlich, nach der der Fachkräftemangel trotz der Massenentlassungen in der deutschen Wirtschaft weiter auf einem hohen Niveau ist. Was bedeutet das? Besteht nun ein Fachkräftemangel oder nicht? Auf der rechten Seite geht es vor allem um die Auswirkungen der aktuellen Sparmaßnahmen. Auch mir ist aufgefallen, dass vor einigen Jahren vor allem in

Neue Arbeitswelt

Debatte: Ist die Einführung der Viertagewoche sinnvoll bei vollem Lohnausgleich? (Tagesschau 30.04.2023)

Weniger Gehalt, mehr Freizeit: Deutsche wünschen sich eine 32,8-Stunden-Woche (Merkur 20.03.2023)

„Alle Menschen sollten nur 32 Stunden arbeiten" (Welt 03.02.2022)

Trotz Fachkräftemangel: und raus bist du – die neue Welle des Personalabbaus (Handelsblatt 26.02.2024)

Nach Einstellungsboom: Jobabbau in Deutschland: Was dahintersteckt (ZDF 11.02.2023)

Stellenabbau: Varta setzt auf Sparkurs und Abbau (WiWo 30.06.2023)

Abb. 2.3 Schlagzeilen zur neuen Arbeitswelt. (Eigene Abbildung)

der IT-Branche Personal gesucht wurde, während dieser Bedarf deutlich nachgelassen hat, sodass aktuell manche IT-Unternehmen keine oder nur wenige freie Stellen haben.

Gleichzeitig wird die Forderung nach einer verkürzten Arbeitswoche geäußert, in der nur noch 32 Wochenstunden vorgesehen sind. Diese Forderung basiert auf verschiedenen Überlegungen: Viele Arbeitnehmer*innen wünschen sich eine bessere Work-Life-Balance, mehr Freizeit für persönliche Interessen oder Familie sowie weniger Stress und Burnout-Risiken. Eine verkürzte Arbeitswoche könnte dazu beitragen, diese Ziele zu erreichen. Ich sehe besonders die Teilzeitarbeit als neuen Trend in der Arbeitswelt 2024: Teilzeit ist das neue Homeoffice. Während zu Beginn meiner Karriere in den Jahren 2015–2020 das Thema Homeoffice für viele Berufstätige meiner Generation Y das ausschlaggebende Kriterium für den Berufseinstieg bildete, konzentriert sich die Generation Z aktuell auf das Thema Teilzeit. Die Anforderungen der Generation Z sind als eine weitere Herausforderung der modernen Arbeitswelt zu sehen. Wie die Thematik in der Presse gesehen wird, lässt sich aus den Artikelüberschriften in Abb. 2.4 ablesen.

Eine Aussage zur Generation Z findet sich häufiger: ‚Die Generation Z ist faul' – doch wie kommt es zu dieser Behauptung? Grund ist vor allem die verstärkte Forderung nach einer Work-Life-Balance in der Generation Z. Besonders berufliche Auszeiten und Tagesfreizeit stehen hier im Fokus. Indem Urgesteine der deutschen Wirtschaft wie Wolfgang Grupp postulieren: „Wer ein großes Problem hat, ist ein Versager" (Business In-

Generation Z

Homeoffice, Viertagewoche, mehr Urlaub: Wie faul sind die Deutschen? (WiWo 10.11.2022)

Nicht die Generation Z ist faul – es sind die Arbeitgeber, die sich die Welt zu einfach machen (NZZ 07.10.2022)

So teuer ist der Fachkräftemangel für Deutschlands Firmen (WiWo 03.02.2022)

Wie ruppig Unternehmen um rare Arbeitskräfte kämpfen (WiWo 07.02.2022)

Gutes Gehalt und Homeoffice reichen nicht – Wie Unternehmen bei jungen Bewerbern punkten (Handelsblatt 26.09.2022)

Übertriebener Trend zum Homeoffice schwächt Firmen (Handelsblatt 14.10.2022)

Ist New Work mehr als ein Tischkicker und ein teures Büro? (B2B Schwaben 14.11.2022)

Abb. 2.4 Auszüge aus aktuellen Magazinen. (Eigene Abbildung)

sider 21.12.2022), zeigt sich das Leistungsdenken einer mittlerweile überholten Generation. Arbeit darf keinen Spaß machen, sondern muss hart und beschwerlich sein – wie im Mittelalter, wo Arbeit als Mühsal und Plage verstanden wurde. Die Generation Z ist nicht faul, sie will nur anders arbeiten. Dementsprechend äußert die Tochter von Wolfgang Grupp, Bonita Grupp: „Ich denke, dass sich die Standpunkte über die Generationen ändern. Da weiß mein Vater auch, dass ich da ein bisschen anderer Meinung bin." (Zeit.de 07.11.2023) Um welche Veränderungen es hier geht, werden wir in Kap. 4 genauer beleuchten.

Die Forderung nach einer kürzeren Arbeitswoche ist als eine Reaktion auf die durch Technologien und Prozessoptimierung gestiegene Produktivität und Effizienz zu verstehen. Wenn weniger Arbeitskräfte benötigt werden, könnten die verbleibenden Mitarbeitenden möglicherweise bei gleichbleibender Produktivität kürzere Arbeitszeiten verlangen, um von den Fortschritten und Effizienzgewinnen zu profitieren. Dies geht zudem mit der Einführung von KI einher, die aktuell jedoch noch in den Kinderschuhen steckt.

2.4 Führung im Jahr 2024

Auch das Konzept der Führung scheint sich in einer Krise zu befinden. Während ich in meinen bereits veröffentlichten Büchern konsequent für eine menschenorientierte Führung und den Einsatz entsprechender Motivationsmethoden argumentiert habe, begegnen mir derzeit wiederholt Aussagen wie in Abb. 2.5: „Der nette Chef wird in der Krise zum Auslaufmodell", während im Gefolge von Donald Trump und einigen deutschen Politiker*innen der Typus des Patriarchen wie Dieter Schwarz wieder auf der Bildfläche erscheint. Das legt den Schluss nahe, dass die Krise eine Tendenz zur autoritären Führung bedingt. Besonders der Begriff der ‚Komfortzone' verweist darauf, dass Konsequenz und entsprechendes Handeln fehlen und stattdessen eine ‚Kuschelkultur' existiert. Dass und warum die Krise auch die Führung betrifft, werden wir in Kap. 5 des Fachbuchs näher diskutieren.

Führung

Krise bedingt autoritäre Führung! (Chancen & Karriere 12.10.2020)

Der nette Chef wird in der Krise zum Auslaufmodell (WiWo 10.12.2021)

Lidl: Die Rückkehr des Patriarchen Dieter Schwarz (Manager Magazin 16.09.2021)

Deutsche Manager stecken in einer Identitäts- und Sinnkrise: So werden Sie ein besserer Chef (WiWo 03.01.2023)

Kuschelkurs: Konsequenz-Dilemma der Führung: Gefangen in der Komfortzone! (Businesself 16.07.2021)

Abb. 2.5 Schlagzeilen zu Führung. (Eigene Abbildung)

2.5 Das Zeitalter der KI

Mit der Einführung von ChatGPT ist das Thema KI in der Gesellschaft in den Vordergrund gerückt. Was schon lange im Gespräch war, aber noch in den Kinderschuhen steckte, präsentierte sich nun als erste funktionsfähige KI, die wirkliche Verbesserungen in Unternehmen bewirken konnte. Diese KI kann sogar programmieren und komplexe Texte in einer angemessenen Qualität formulieren. Auch wenn sie noch zahlreiche Fehler produziert, reicht das Ergebnis in vielen Fällen nah an eine gute bis sehr gute Leistung heran. Und oft ist das Ergebnis bei sich wiederholenden Aufgaben deutlich besser – denn eine KI wird niemals müde und kann 24 h arbeiten.

Auch zum Thema KI finden sich Schlagzeilen in führenden Magazinen. Eine Auswahl wird in Abb. 2.6 gezeigt. Die ersten Titel zeigen, dass vor allem in den USA Unternehmen wie Microsoft, Apple und Google direkt in den KI-Markt eingestiegen sind, während die Berichte zu deutschen Unternehmen noch auf eine geringe Verbreitung dieser Technologien im Unternehmenskontext schließen lassen. Hervorzuheben ist allerdings die Forschung in Deutschland: Gerade unsere Universitäten lie-

KI

> Wenig künstliche Intelligenz in deutschen Unternehmen (WiWo 09.09.2023)
>
> Verschläft Deutschland die KI-Entwicklung? (Tagesschau 31.01.2023)
>
> KI in Deutschland: Spitze in der Forschung, Nachholbedarf in der Wirtschaft (Bitkom 14.08.2023)
>
> Unternehmen wollen mit KI radikal umsteuern! (Handelsblatt 24.08.2023)

Abb. 2.6 Schlagzeilen zum Thema KI. (Eigene Abbildung)

fern – den konsultierten Artikeln zufolge – bahnbrechende Ergebnisse im Bereich künstlicher Intelligenz. Trotzdem besteht eine Angst, dass Deutschland diese Entwicklung verschläft. Was vor vielen Jahren noch als Innovation in der Produktion galt, betrifft jetzt vor allem den Fortschritt in Bezug auf die Technologie. Während mithilfe von Produktionsinnovationen früher viele manuelle Schritte automatisiert werden konnte, lassen sich nun mittels KI zahlreiche Bürojobs automatisieren oder zumindest wesentlich unterstützen. Dennoch zeigt sich eine geringe Bereitschaft, KI in den deutschen Unternehmen zu etablieren. Das Thema KI sowie aktuelle Hindernisse und Potenziale werden in Kap. 6 behandelt.

2.6 Nachhaltigkeit und Umweltbewusstsein

Mit der Generation Z formierten sich gesellschaftliche Bewegungen, die ein neues Bewusstsein für Nachhaltigkeit und Umwelt fordern. Unterstützt wird dieser Anspruch durch die aktuelle grüne Regierungsbeteiligung sowie verschiedene Initiativen, die wesentlich von der Generation Z getragen werden. Dabei möchte ich an dieser Stelle betonen, dass ich mich von Bewegungen wie den sogenannten ‚Klimaklebern' wie auch von bestimmten Aussagen (besonders antisemitischen) von Vertretern von Fridays for Future distanziere, da es mir um einen konstruktiven Umgang mit der Umwelt geht, ohne Radikalität.

Nachhaltigkeit

Warum viele Unternehmen nur zögernd auf Nachhaltigkeit setzen (Badische Zeitung 17.11.2023)

Penny verlangt Preise mit Umweltkosten (Süddeutsche Zeitung 30.07.2023)

Diese Unternehmen wollen Vorbilder für Nachhaltigkeit sein (WiWo 08.03.2023)

Warum nachhaltige Unternehmen erfolgreicher sind! (LBBW ohne Datum)

Elektromobilität: Die 5 größten deutschen Zulieferer stemmen die Transformation (WiWo 05.05.2023)

Abb. 2.7 Schlagzeilen zu Nachhaltigkeit und Umwelt. (Eigene Abbildung – Quellen im Anhang)

Die Schlagzeilen in Abb. 2.7 ergeben ein gemischtes Bild. Als erfreulich ist zu werten, dass viele Unternehmen Vorbilder beim Thema Nachhaltigkeit sein möchten, zumal dieses Engagement mittlerweile durch eigene Auszeichnungen honoriert wird. Zudem haben Unternehmen begonnen, ihre Produkte und Leistungen auch als interne Emissionen auszugleichen. Für Deutschland ist die Automobilindustrie von besonderer Bedeutung. Dabei zeigt sich, dass unsere größten Automobilzulieferer eine breite Palette an Automobilen mit Elektroantrieb im Angebot haben – anders als noch vor einigen Jahren, als in diesem Bereich nur Tesla tätig war. Auch Hybridfahrzeuge finden zunehmend Verwendung und Anerkennung. Es wird gesellschaftlich umfassend akzeptiert, dass die Kunden explizit darauf bestehen, dass Produkte nachhaltig sind und Unternehmen im Sinne unserer Umwelt agieren. Probleme bestehen vielmehr in der Umsetzung, was vor allem eine Folge der gestiegenen Kosten ist. Offensichtlich wird dies am Beispiel Penny: Der Discounter hat die Preise für die nachhaltige Produktion direkt an den Kund*innen weitergegeben, was einen deutlichen Umsatzeinbruch zur Folge hatte. Genau hier zeigt sich die Problematik dieses Spagats: „Umwelt ja, aber wer soll das alles bezahlen?" Im Kap. 7 zu den Nachhaltigkeitsstrategien möchte ich daher zeigen, wie sich Nachhaltigkeit und Kosten vereinbaren lassen.

2.7 Fazit

In diesem Kapitel wurde auf die aktuellen Herausforderungen für Managerinnen und Manager im Jahr 2024 eingegangen, wobei diese Aspekte anhand von Schlagzeilen aus relevanten Fachmagazinen oder Zeitungen illustriert wurden. Eine umfangreiche Fundierung mit wissenschaftlichen Studien soll in den folgenden Kapiteln vorgenommen werden. In diesem Kapitel habe ich den Fokus daraufgelegt, ein Verständnis für die jeweiligen Herausforderungen zu schaffen. Diese sind zusammengefasst:

- Wirtschaftlichkeit und Rentabilität in Unternehmen
- Fachkräftemangel, Generation Z und Diversity
- Der Einsatz von KI
- Bewusstsein für Umwelt und Nachhaltigkeit

Literatur

Badische Zeitung (2023). Warum viele Unternehmen nur zögernd auf Nachhaltigkeit setzen. Link. Abgerufen am 21.11.2023.
Bitkom (2023). KI Deutschland: Spitze Forschung, Nachholbedarf Wirtschaft. Link. Abgerufen am 21.11.2023.
Business Elf (2023). Konsequenz-Dilemma der Führung. Link. Abgerufen am 19.12.2023.
Businessinsider (2023). Aussage Wolfgang Grupp: „Wer ein Problem hat, ist ein Versager". Link. Abgerufen am 21.11.2023.
Chance & Karriere (2023). Krise bedingt autoritäre Führung. Link. Abgerufen am 19.12.2023.
ComeOn (2023). Trotz voller Auftragsbücher: Teckentrup meldet Insolvenz in Eigenverwaltung an. Link. Abgerufen am 21.11.2023.
FAZ (2023). Umfrage zur Ampel: Neun von zehn Unternehmen finden Regierung konzeptlos. Link. Abgerufen am 13.12.2023.
FOCUS (2023). Hohe Energiepreise und Standortnachteile: Experte sieht schleichende Abwanderung deutscher Unternehmen. Link. Abgerufen am 13.12.2023.
Handelsblatt (2023). Fachkräftemangel und ‚raus bist du': Die neue Welle des Personalabbaus. Link. Abgerufen am 21.11.2023.

Handelsblatt (2023). Gen Z: Was die junge Generation vom Arbeitsmarkt erwartet. Link. Abgerufen am 21.11.2023.

Handelsblatt (2023). Künstliche Intelligenz: Unternehmen wollen mit KI radikal umsteuern. Link. Abgerufen am 21.11.2023.

Handelsblatt (2023). Standortpolitik: So viele deutsche Firmen wie seit 15 Jahren nicht wandern aus Kostengründen ab. Link. Abgerufen am 13.12.2023.

Hans Böckler Stiftung (2023). Deutsche Wirtschaft schrumpft in diesem Jahr um 0,5 Prozent, 2024 Wachstum um 0,7 Prozent. Link. Abgerufen am 13.12.2023.

LBBW (2023). Warum nachhaltige Unternehmen erfolgreicher sind. Link. Abgerufen am 21.11.2023.

Manager Magazin (2023). Die Rückkehr des Patriarchen. Link. Abgerufen am 19.12.2023.

Manager Magazin (2023). Insolvenzen im Baugewerbe: Warum es trotz Boom eine Pleitewelle gibt. Link. Abgerufen am 21.11.2023.

Merkur (2023). Insolvenzen steigen in Deutschland: Wirtschaft vor Herausforderungen. Link. Abgerufen am 21.11.2023.

Merkur (2023). Wunsch Arbeitszeit: 32 Stunden Woche laut Umfrage. Link. Abgerufen am 21.11.2023.

NZZ (2023). Generation Z im Arbeitsmarkt: Faul sind nur die Vorgesetzten. Link. Abgerufen am 21.11.2023.

Spiegel (2023). Wirtschaftskrise: Unternehmen kämpfen schwer um Kredite. Link. Abgerufen am 21.11.2023.

SZ (2023). Lebensmittel: Verdeckte Kosten, Umweltschutz, Discounter. Link. Abgerufen am 21.11.2023.

Tagesschau (2023). KI-Strategie: Bundesregierung. Link. Abgerufen am 21.11.2023.

Tagesschau (2023). Produktion und Konjunktur in Deutschland trübe. Link. Abgerufen am 13.12.2023.

Tagesschau (2023). Viertagewoche-Debatte. Link. Abgerufen am 21.11.2023.

t3n (2023). IT-Fachkräftemangel 2023: Rekordhoch erreicht. Link. Abgerufen am 13.12.2023.

Welt (2023). Künstliche Intelligenz: Vier von zehn Unternehmen sehen sich bei KI abgehängt. Link. Abgerufen am 21.11.2023.

Welt (2023). Vier Tage Woche: Alle Menschen sollten nur 32 Stunden arbeiten. Link. Abgerufen am 21.11.2023.

WiWo (2023). Batteriehersteller: Stellenabbau – Varta setzt auf Freiwilligenprogramm. Link. Abgerufen am 21.11.2023.

2 Erläuterung und Diskussion der neuen Herausforderungen 2024

WiWo (2023). Elektromobilität: Die 5 größten deutschen Zulieferer stemmen die Transformation. Link. Abgerufen am 21.11.2023.

WiWo (2023). Erhebung: Wenig künstliche Intelligenz in deutschen Unternehmen. Link. Abgerufen am 21.11.2023.

WiWo (2023). Fachkräftemangel: Wie ruppig Unternehmen um rare Arbeitskräfte kämpfen. Link. Abgerufen am 21.11.2023.

WiWo (2023). Führungskultur: So werden Sie ein besserer Chef. Link. Abgerufen am 19.12.2023.

WiWo (2023). Homeoffice, Viertagewoche, mehr Urlaub: Wie faul sind die Deutschen? Link. Abgerufen am 21.11.2023.

WiWo (2023). Neue Berechnungen: So teuer ist der Fachkräftemangel für Deutschlands Firmen. Link. Abgerufen am 21.11.2023.

WiWo (2023). Sustainable Impact Award: Diese Unternehmen wollen Vorbilder für Nachhaltigkeit sein. Link. Abgerufen am 21.11.2023.

WiWo (2023). Ukraine-Krieg, Pandemie, Lieferketten: Der nette Chef wird in der Krise zum Auslaufmodell. Link. Abgerufen am 19.12.2023.

3

Wirtschaftslage in Deutschland und Strategien zur Rentabilitätssteigerung

In diesem Kapitel wird ein Blick auf die aktuelle Wirtschaftslage in Deutschland geworfen und es werden Strategien zur Rentabilitätssteigerung in einem sich ständig verändernden Umfeld diskutiert. Die präsentierten Zahlen und Fakten bieten Einblicke in die wirtschaftliche Basis des Landes unter Berücksichtigung der Herausforderungen eines volatilen Marktes. Zudem wird untersucht, wie Unternehmen flexibel bleiben und auf diese Veränderungen reagieren können, um ihre Rentabilität zu steigern.

3.1 Zahlen, Daten und Fakten zur Wirtschaftslage

Abb. 3.1 verdeutlicht einen lang anhaltenden Anstieg des Bruttoinlandsprodukts über viele Jahre hinweg. Zu Beginn meiner Berufslaufbahn zeigte dieses Wachstum eine beständige Aufwärtsbewegung. Es ist aus den Daten ersichtlich, dass Unternehmen deutlich auf Wachstum fokussiert waren, während Rentabilität oft eine nachgeordnete Rolle spielte.

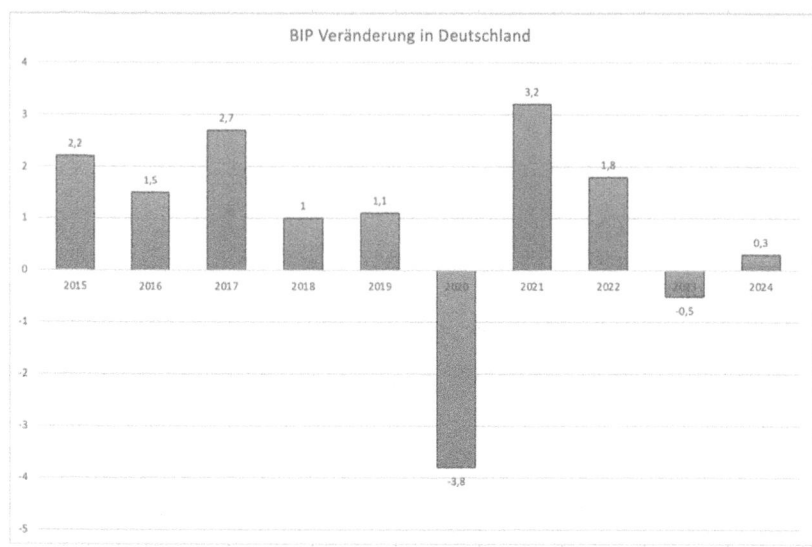

Abb. 3.1 BIP in Deutschland. (Quelle: Eigene Abbildung mit Zahlen des Statistisches Bundesamt 2023)

Zu dieser Zeit gab es eine spürbare Nachfrage nach Mitarbeitenden, da die meisten Unternehmen auf Expansionskurs waren. Einzig das Jahr 2020 und die COVID-19-Pandemie markierten einen Einbruch, durch den das Wirtschaftswachstum um 3,8 % zurückging. Dennoch konnte dies dank der Regierungshilfen und kluger Strategiewechsel in vielen Sektoren abgefedert werden. Im Jahr 2022 konnte erneut eine Zunahme des Bruttosozialprodukts festgestellt werden. „Niedriges Wachstum wird zur deutschen Normalität" so Ifo-Konjunkturchef Timo Wollmershäuser in einem Interview mit der Wirtschaftswoche (2024). Seine Prognose sind einige Jahre mit schwachem Wachstum bis 0,5 % und sogar auch Zeiten des Stillstands. Gerade deswegen gilt es für die kommenden Jahre sich selbst für einen schwächeren Jobmarkt als auch das Unternehmen mithilfe von KI rentabler und damit zukunftsfähiger zu machen.

Die aktuellen Entwicklungen zeigen jedoch nach wie vor noch deutliche Auswirkungen der Pandemie. Im Jahr 2023 verzeichnete unsere Wirtschaft einen Rückgang um 0,5 %. Dies hat vielfältige Auswirkungen auf Unternehmen. In den folgenden Abschnitten werde ich sowohl die Ursachen als auch die Auswirkungen dieser wirtschaftlichen Krise beleuchten.

3 Wirtschaftslage in Deutschland und Strategien zur …

Im aktuellen Länderindex Familienunternehmen (entnommen aus Tagesschau 2023) belegte Deutschland 2020 noch den 14. Platz. Ein Blick auf die Zahlen von 2023 zeigt ein Abrutschen auf Platz 18. Gemäß Länderindex bedeutet das, dass Deutschland mit Standorten in Nordamerika, Westeuropa und Skandinavien kaum noch mithalten kann. Aus dem Index lässt sich darüber hinaus ablesen, dass andere Länder mehr in wirtschaftliche Infrastruktur und die Reform von Bürokratie und Steuersystem investieren. Führend ist Deutschland nur noch in Bezug auf die vergleichsweise geringe Verschulung.

> Im Jahr 2023 verzeichnet die deutsche Wirtschaft einen Rückgang, doch trotz optimistischer Prognosen für 2024 bleibt die Insolvenzrate hoch. Gleichzeitig verschlechtern sich die Standortbedingungen zusehends, was dazu führt, dass Unternehmen vermehrt ins Ausland abwandern. Diese Entwicklung wird langfristige Auswirkungen auf die Wirtschaft haben. Dies wird nachhaltige Auswirkungen auf die Wirtschaft haben.

Dazu kommen weitere bedenkliche Entwicklungen, wie das Handelsblatt (2023) berichtet: „Die Zahl der Firmenpleiten ist auf den höchsten Stand seit drei Jahren gestiegen, was durch eine Analyse des Leibniz-Instituts für Wirtschaftsforschung Halle (IWH) belegt wird". Auf Basis von Statistiken der Bundesregierung wie in Abb. 3.2 wird nachgewiesen, dass die Zahl der Insolvenzen im Vergleich zum Vorjahr bereits im November

Abb. 3.2 Zahl der Insolvenzen in Deutschland. (Quelle: Eigene Abbildung nach Zahlen des statistischen Bundesamt 2024)

2023 um 35,7 % gestiegen ist. In Deutschland ist also momentan eine wahre Welle an Insolvenzen in Unternehmen zu beobachten. Besonders gestiegene Produktionskosten durch teuren Strom und Materialien, wachsende Personalausgaben und der deutliche Zinsanstieg sind Ursachen für die Insolvenzen und Treiber dieser bedenklichen Entwicklung. Allein im Monat März 2023 waren durch Insolvenzen 8000 Arbeitsplätze betroffen (Handelsblatt 2023).

Es gibt noch eine Besonderheit der Insolvenzen im Vergleich zu früheren Zeiten: Einige Unternehmen müssen trotz voller Auftragsbücher Insolvenz anmelden. Das gilt beispielsweise für Unternehmen wie die Wolff Hoch- und Ingenieurbau GmbH & Co. KG in Saarbrücken oder Teckentrup. So schreibt das Magazin Come-One.de (2023) über Teckentrup:

> „Die Auftragsbücher sind voll, bei der Firma Teckentrup herrscht Hochbetrieb. Doch die Vielzahl der globalen Krisen in jüngster Vergangenheit haben Spuren hinterlassen und das Hüinghauser Unternehmen in finanzielle Nöte geführt. Darauf musste die Geschäftsführung reagieren: Anfang Oktober genehmigte das Amtsgericht Hagen den gestellten Antrag auf Insolvenz in Eigenverwaltung."

Beim Unternehmen Wolff Hoch- und Ingenieurbau GmbH & Co. KG wird berichtet, dass der Rückgang von ausländischen Fachkräften wegen des Ukrainekrieges, der Ausfall von Kund*innen zahlungen und hohe Materialkosten die Auslöser waren (Fokus 2022). Besonders stark trifft die Pleite die Baubranche. Im Manager Magazin (2023) heißt es dazu: „Da einige der Bauunternehmen die Verträge mit ihren Kund*innen zuvor zu wesentlich niedrigeren Preisen abgeschlossen hatten, brachen die Gewinne ein." Dies kann auch Unternehmen in der IT-Branche und andere treffen. Auch führen ineffiziente Prozesse und zu hohe Gehälter oft dazu, dass Unternehmen Aufträge nicht mehr rentabel durchführen können.

> Die Berichterstattung aus dem Jahr 2023 verdeutlicht die Herausforderungen, die Unternehmen durch globale Krisen, Rückgänge bei Fachkräften und steigende Materialkosten erleben. Zudem wird betont, dass niedrigere Vertragspreise in der Industrie Gewinneinbrüche verursachen können, während die Rentabilität von Aufträgen durch ineffiziente Prozesse und hohe Gehälter beeinträchtigt wird.

Diese Situation erfordert von Unternehmen, dass sie ihre Strategien anpassen. Um besser geeignete Strategien ableiten zu können, werden im Folgenden die Charakteristika und die Ursachen der Wirtschaftslage untersucht.

3.2 Ursachen und Charakteristika der Wirtschaftslage

Der Länderindex Familienunternehmen (2023) führt eine Reihe von Ursachen und Charakteristika des Abschwungs auf. Diese sind:

- zu viel Bürokratie,
- eine hohe Steuerlast,
- hohe Energiekosten,
- Arbeitskräftemangel,
- weniger Investitionen und sinkende Innovationsbereitschaft,
- ineffiziente Prozesse und
- Zahlungsausfälle von Kund*innen.

Betrachten wir die Gründe näher. Bereits 2022 wurden 2800 Personen für eine Studie des Instituts für Demoskopie Allensbach im Spiegel (2023) zur aktuellen Lage in Deutschland befragt, wobei 62 % die **Bürokratie** für zu umfangreich und aufgrund der langen Genehmigungsprozesse als belastend für Unternehmen beurteilten. Auch Unternehmen aus dem Ausland werden oft durch die Bürokratie in Deutschland abgeschreckt. Dies ist ein wesentlicher Grund für das geringere Wachstum der deutschen Industrie und des Gewerbes. Dementsprechend ist die Gefahr groß, dass Unternehmen, die in Deutschland ansässig sind, ihre Produktion ins Ausland verlegen. Diese Tendenz hat in den letzten Jahren ebenfalls deutlich zugenommen. Laut einer Umfrage der DZ Bank (2023) halten 36 % der ca. 1000 befragten Unternehmen eine Umstrukturierung ins Ausland kurzfristig für relevant.

Weiterhin besteht in Deutschland eine **hohe Steuerlast**. In kaum einem anderen Land zahlen Unternehmen so hohe Steuern. Während

Deutschland beispielsweise in der Körperschaftsteuer mit 29 % Platz 6 belegt, liegen die Sätze in anderen Ländern deutlich niedriger, z. B.:

- USA 25 %
- Griechenland 22 %
- Finnland 20 %
- Polen 19 %
- England 19 %
- Litauen 15 %
- Irland 12,5 %
- Ungarn 9 %
- Nur Kolumbien, Portugal, Costa Rica, Mexiko und Australien mit über 30–35 % liegen vor Deutschland (Quelle OECD 2023)

Besonders die hohe Steuerlast stellt für Unternehmen einen Anlass dar, eine Verlagerung der Produktion ins Ausland in Betracht zu ziehen – zudem steigen dadurch auch bei inländischen Produkten die Kosten. Doch nicht nur dieser Aspekt lässt Unternehmen ins Ausland abwandern. Ein weiterer Faktor sind für Unternehmen die **gestiegenen Material- und auch die Stromkosten**. Ich erläutere hier ein Beispiel in Bezug auf die Stromkosten: In der Abb. 3.3 wird die Entwicklung der Strompreise

Abb. 3.3 Industriestrompreis in Deutschland. (Quelle: Eigene Abbildung aus BDEW 2023)

für ein typisches Industrieunternehmen in Deutschland von 2015–2024 als Prognose aufgezeigt. Zu erkennen ist ein deutlicher Anstieg. Besonders die Steigerung der operativen Kosten stellt für Unternehmen eine große Belastung dar und begünstigt Überlegungen hinsichtlich einer Abwanderung ins Ausland.

Aus Kostengründen verlagern so viele Unternehmen Deutschland wie seit 15 Jahren Tätigkeiten ins Ausland u. a. verlagern Miele, Porsche und Viessmann zusammen 7000 Arbeitsplätze nach Polen (Merkur 2023). Generell planen laut dem DIHK-Präsident Peter Adrian in einem Interview der Bild fast ein Drittel der Betriebe mit einer Verlagerung ins Ausland – eine Verdopplung zu 2022. Beispielsweise haben alleine in Polen deutsche Unternehmen über 37 Mrd. € investiert und rund 450.000 Arbeitsplätze geschaffen, so der Geschäftsführer des deutschen Ost-Ausschusses im gleichen Interview mit der Bild (2023). Alleine nur dieses Beispiel dient dazu darzustellen, dass der Wirtschaftsstandort Deutschland weniger attraktiv geworden ist.

Ein bedeutender Aspekt, der im weiteren Verlauf des Fachbuchs in Kap. 4 mit fundierten Daten, Fakten und Lösungsansätzen noch ausführlicher zu behandeln sein wird, ist der **Fachkräftemangel**. Zuletzt wurde in der Studie der DZ Bank (2023) auch die Thematik **mangelnder Investitionen** aufgegriffen. Dies resultiert aus den gestiegenen Kosten für Unternehmen, was wiederum ihre finanziellen Möglichkeiten zur Investition einschränkt. Insbesondere die Innovationskraft wird davon stark beeinflusst.

Des Weiteren ist die **gestiegene Anzahl der Insolvenzen** eine Quelle für Zahlungsausfälle in Unternehmen, was eine erhebliche Belastung für diese darstellt. Ebenso sind **ineffiziente Prozesse** ein beständiges Problem. Während meiner Tätigkeit als Berater habe ich oft erlebt, dass Unternehmen mit umständlichen Genehmigungsprozessen und zahlreichen internen Meetings konfrontiert sind, was wiederum die Produktkosten in die Höhe treibt. Im nächsten Abschnitt werde ich darauf eingehen, wie interne Prozesse optimiert werden können, um Produkte kosteneffizienter und zu wettbewerbsfähigen Preisen auf dem Markt anzubieten.

3.3 Strategieausrichtung anhand der Wirtschaftslage

Die vorliegenden Daten im vorangegangenen Abschnitt verdeutlichen die maßgeblichen Gründe, warum eine Anpassung der Unternehmensstrategie an die aktuelle Wirtschaftslage erforderlich ist. In diesem Zusammenhang sollen im Folgenden vier Schlüsselaspekte betrachtet werden, die als entscheidend für diese Anpassung hervorzuheben sind:

- Optimierung des Controllings als neue Disziplin für präzisere und agilere Reaktionen auf wirtschaftliche Entwicklungen,
- kontinuierliche Messung und Optimierung interner Prozesse zur Steigerung der Effizienz und Stärkung der Wettbewerbsfähigkeit,
- fundierte Investitionsplanung als essenzieller Bestandteil der Anpassung an die aktuelle Wirtschaftslage und
- detaillierte Analyse der Rentabilität von Gehältern als bedeutender Faktor für eine strategische Anpassung.

3.3.1 Controlling gewinnt an Bedeutung

In einer Zeit, in der sich die Kostenstruktur für Unternehmen zunehmend als Herausforderung darstellt, erhält das Controlling als essenzielle Disziplin wieder mehr Relevanz. Der Druck, eine genaue Rentabilität sämtlicher Projekte und Prozesse sicherzustellen, steigt. Dies zeigt sich vor allem an den Statistiken im vorangegangenen Abschnitt, nach denen Unternehmen trotz voller Auftragsbücher in eine Insolvenz steuern.

> Der Zwang zur Effizienz aufgrund der aktuellen Wirtschaftslage erfordert einen klaren Überblick über die Rentabilität und den Beitrag jedes einzelnen Unternehmensaspekts zur Gesamtleistung. Daher wird das Controlling zu einem entscheidenden Instrument, um diese Zielsetzungen zu erreichen.

Ich möchte in diesem Fachbuch keinen Controlling-Guide vorlegen, sondern konkret an einem Beispiel zeigen, welche Faktoren nun wichtig werden. Die meisten Unternehmen verfügen meiner Erfahrung nach schon über ein ausreichendes Controlling, wobei es einige wichtige Stellschrauben anzupassen gilt, um sich ‚transparent zu machen', also alle Faktoren zu berücksichtigen. Sich ‚transparent machen' bedeutet in diesem Fall, alle Faktoren zu berücksichtigen und nicht bestimmte Faktoren wegzulassen, z. B. bestehen die Kosten für einen Mitarbeitenden auch aus Weiterbildung, Krankheiten, Urlaub und sogar auch dem Stuhl sowie dem Schreibtisch und eventuellen Kaffeekosten. Nur so können Kosten vollständig erfasst werden, um Transparenz im Unternehmen zu erzeugen.

3.3.2 Fallstudie für Projektcontrolling eines Kundenprojekts

In diesem Beispiel möchten Sie für ein anderes Unternehmen ein neues kleines Human Resources(HR)-System einführen. Hierzu gilt es, die entsprechende Hardware aufzustellen und anschließend das HR-System an den Kund*innen anzupassen.

Entscheidend ist es, hier die Kostenstruktur des Projektes zu betrachten. Darunter fallen:

- **Personalkosten**: Dies umfasst die Gehälter der Entwickler*innen, der Projektmanager*innen, der Tester*innen und anderer Teammitglieder, die am Projekt arbeiten. Dazu kommen Kosten für externe Berater*innen oder Freelancer*innen, die möglicherweise eingestellt wurden.
- **Software- und Lizenzkosten**: Kosten für die Beschaffung von Software, Lizenzen für Entwicklungsumgebungen, Datenbanken, Frameworks oder andere Tools, die im Projekt verwendet werden.
- **Hardwarekosten**: Dies umfasst die Kosten für die Anschaffung oder die Miete von Hardware wie Server, Rechner, Netzwerkausstattung oder spezielle Geräte, die für das Projekt benötigt werden.

- **Infrastrukturkosten:** Kosten für die Bereitstellung und die Wartung der Infrastruktur wie Cloud-Dienste, Hosting, Sicherheitslösungen oder IT-Service-Management.
- **Projektmanagement- und Administrationskosten:** Ausgaben für Projektmanagement-Software, Büromaterial, Reisekosten, Schulungen und sonstige administrative Aufwendungen.
- **Externe Dienstleistungen:** Hierunter fallen Kosten für externe Dienstleister oder Berater*innen, die beispielsweise für spezifische Expertise oder Unterstützung bei Teilaspekten des Projekts engagiert wurden.
- **Testing und Qualitätssicherung:** Kosten für Testumgebungen, Tools für das Testing, externe Tester*innen oder Question-Answer(QA)-Experten*innen, die die Qualität des Produkts sicherstellen.
- **Änderungen und Anpassungen:** Diese Kosten fallen an, wenn während des Projekts Änderungen oder Anpassungen am ursprünglichen Plan vorgenommen werden, was zusätzliche Entwicklungskosten verursacht.

Anhand der Komplexität der Faktoren ist bereits zu erkennen, dass die Gefahr naheliegt, sich in diesem Projekt außerhalb der kalkulierten Kosten zu bewegen. Das kann unter anderem dazu führen, dass das Unternehmen, welches dieses Projekt ausführt, in eine Insolvenz getrieben werden kann, weil die Mehrheit der Projekte außerhalb der Kosten ist. Auch sind hier sicherlich Faktoren vergessen worden, sodass nicht davon ausgegangen werden kann, dass diese Faktoren auch wirklich alle Kosten zeigen.

> **Beispiel**
>
> Es empfiehlt sich, diese Kostenstruktur im eigenen Unternehmen zu etablieren und sie pro Projekt sinnvoll zu erfassen. So wird etwa häufig der Posten Projektmanagement vergessen. Auch die interne Organisation kann sehr viel Zeit in Anspruch nehmen und damit ein Projekt nicht mehr rentabel machen. Beispielsweise kostet Sie eine Person für Projektmanagement 5000 € Gehalt im Monat. Wenn Sie diese Person im Verlauf des Projektes 160 h beschäftigen, den Betrag aber nicht einkalkuliert haben, bedeutet dies, dass sie vom Gewinn des Projektes 5000 € abziehen müssen. Dadurch wird ein Projekt, bei dem beispielsweise 3000 € an Gewinnspanne angenommen wurden, sofort unrentabel.

Darauf zu achten ist hier, dass die Kostenstruktur vollständig sowie mit einer gewissen Ehrlichkeit erfasst wird. Auf der anderen Seite gilt es auch, die passenden Daten zu finden und diese dann ins Projekt aufzunehmen. Im Anschluss kann es sich lohnen, alle Projekte gemeinsam mit der Geschäftsführung auszuwerten. So kann Verbesserungspotenzial festgestellt und eine Rentabilität in der Firma hergestellt werden.

> **Beispiel**
>
> Ein anschauliches Beispiel ist der Wechsel von einer nebenberuflichen in eine Vollzeitselbstständigkeit. Angenommen, eine Person war früher nebenberuflich selbstständig und hat im Homeoffice gearbeitet, wobei einige Kosten wie Miete, Kaffee, Wasser und Strom nicht erfasst wurden, da die Selbstständigkeit nur einen geringen Teil der Einkommensquellen ausmachte. Nun ist diese Person in Vollzeit selbstständig geworden, jedoch wurden weiterhin nicht alle Kosten erfasst. Mit dem erhöhten Arbeitsaufwand und der Nutzung des eigenen Wohnraums für die Selbstständigkeit können diese zu erwartenden Kosten jedoch erheblich sein und die Rentabilität der Selbstständigkeit beeinträchtigen. Die Erfassung aller Kosten ist daher essenziell, um die tatsächliche Rentabilität zu ermitteln und strategische Anpassungen vorzunehmen, die dazu beitragen, die Rentabilität schlussendlich zu verbessern.

3.3.3 Interne Prozesse messen und optimieren

In meiner beruflichen Laufbahn habe ich – und zwar in verschiedenen Konzernumfeldern – beobachtet, dass in die internen Prozesse häufig eine unverhältnismäßige Anzahl von Beteiligten involviert ist, die über das erforderliche Maß hinausgeht. Diese Praxis resultiert nicht selten in signifikanten Kostensteigerungen und kann die Rentabilität des Unternehmens beeinträchtigen.

> **Beispiel**
>
> Das lässt sich an einem Beispiel verdeutlichen, insbesondere im Kontext von Meetings: Angenommen, an einem typischen Treffen nehmen vier Fachexperten*innen teil, von denen jede*r monatlich 5000 € verdient, zusammen mit drei Berater*innen, die jeweils nur 100 € pro Stunde kosten.

> Das Meeting dauert zwei Stunden. Der Kostenaufwand für die Fachexperten*innen beträgt pro Arbeitsstunde etwa 125 € pro Person (basierend auf einem monatlichen Gehalt von 5000 € und einer Arbeitszeit von 160 h im Monat). Zusätzlich belaufen sich die Kosten für die drei Berater*innen auf 600 €. Die Gesamtkosten für das Meeting mit den Fachexperten*innen betragen somit 1600 € für zwei Stunden. Wenn ähnliche Treffen in den vier Fachbereichen regelmäßig stattfinden, summiert sich der Kostenaufwand schnell auf nahezu 8000 € für vermeintlich einfache Entscheidungen. Dies zeigt den erheblichen finanziellen Aufwand, den solche Treffen mit sich bringen können.

Diese einfache Rechnung illustriert, dass sich die Teilnahme von vielen Personen, insbesondere von hoch bezahlten Fachexperten*innen, erheblich auf die Kosten eines Meetings auswirken kann. Die Optimierung interner Prozesse durch eine gezielte Auswahl der Teilnehmenden und eine effiziente Strukturierung von Meetings kann somit dazu beitragen, die Kosten zu reduzieren, was sich letztendlich auf die Rentabilität des Unternehmens auswirkt.

Insbesondere in der Wissensarbeit stellen Personalkosten häufig den entscheidenden Kostenfaktor dar. Eine empfehlenswerte Vorgehensweise ist die Erstellung einer Liste der Kernprozesse des Unternehmens, um anhand der Zeiten für Meetings eine grobe Kostenschätzung für den Durchlauf dieser Prozesse zu ermitteln. Im Verlauf meiner beruflichen Erfahrung habe ich verschiedene Prozesse analysiert und kann exemplarisch die Veränderungen vor und nach der Optimierung veranschaulichen. Die Beispiele sind in Tab. 3.1 aufgeführt.

Anhand der drei skizzierten Prozesse wird offensichtlich, dass eine deutliche Optimierung möglich ist. Wenn beispielsweise zehn Personen pro Jahr eingestellt werden, resultiert daraus eine Einsparung von ungefähr 37 h, und bei der Implementierung neuer Features könnten ganze Personenwochen pro Jahr eingespart werden. Durch derartige Optimierungen können Unternehmen ihre Rentabilität erheblich steigern und auch in Zeiten gestiegener Kosten weiterhin profitabel agieren.

Tab. 3.1 Optimierungen von Prozessen am Beispiel meines Teams. (Tabelle mit eigenen Daten)

Prozess	Dauer Gesamt + Meetingstunden/E-Mails vor der Optimierung	Dauer Gesamt + Meetingstunden/E-Mails nach der Optimierung
Bestellung von Hardware beim Einkauf	3 Fachbereiche und 4 h Meeting inkl. E-Mails	2 Fachbereiche und 1 h Meeting, oft mittlerweile nur noch ein Formular mit Ausfüllzeit von 15 min
Entscheidung über Umsetzung eines Features in der Kund*innensoftware	5 Fachbereiche und 8 h Meeting inkl. Sprint-Planning von 2 h	Product-Owner spricht mit Fachbereich-Person 1 h und nimmt Feature in Sprint-Planning, das ohnehin stattfindet
Entscheidung über die Einstellung eines Mitarbeitenden	Vorstand, Betriebsrat und HR-Chef*in sowie Fachbereich eingebunden, jeweils 1 h Meeting, insgesamt also 4 h Meeting	Betriebsratsanhörung nun als Formular 15 min, Vorstand und HR-Chefin haben Freigrenzen, die nicht berücksichtigt werden, somit oftmals nur noch 15 min Aufwand nach Zusage des Fachbereichs

Beispiel

Nach der Optimierung einzelner Projekte sollten Unternehmen die Optimierung von kompletten Kund*innenaccounts in den Fokus nehmen. Insbesondere in der IT-Branche werden Kund*innen oft nach dem Aufbau der IT-Leistungen in den Betrieb übergeben. Jedoch gibt es Kund*innen, die zahlreiche neue Anfragen generieren, die über den Betrieb oder den Support des Unternehmens laufen und tatsächlich einen monatlichen Verlust verursachen. Ein konkretes Beispiel könnte ein Kund*in sein, der monatlich 500 € zahlt, aber das Unternehmen für fast 7 h im Support beansprucht. In solchen Fällen wird dieser Kund*in für das Unternehmen nicht mehr rentabel. Dabei ist es entscheidend, die strategischen Entscheidungen so zu treffen, dass solche Situationen adressiert werden.

3.3.4 Gehälteranalyse

Menschen sind das Herzstück jedes Unternehmens, und ihre Leistung wird durch ein monatliches Gehalt vergütet. Dieser Austausch von Arbeitsleistung gegen Gehalt ist grundlegend. In jüngster Zeit sind insbesondere in der IT-Branche die Gehälter deutlich angestiegen, was zu erheblichen Kostensteigerungen in Unternehmen geführt hat. Ein aktuelles Beispiel ist die Gehaltserhöhung um 11 %, die im April 2023 von der Gewerkschaft Verdi (2023) beschlossen wurde. Diese Erhöhung ist zwar erfreulich für die Mitarbeitenden, bedeutet jedoch auch eine elfprozentige Kostensteigerung für das Unternehmen. Es gilt nun, diese gestiegenen Kosten durch entsprechende Gewinne zu kompensieren oder Möglichkeiten zu finden, um Mitarbeitende, deren Tätigkeiten zu kostspielig sind, anderweitig gewinnbringend und zugleich im Sinne der betreffenden Person einzusetzen.

> Bevor wir uns weitergehend mit der Analyse der Gehälter und deren Auswirkungen auf die Arbeitsentscheidungen befassen, ist zu unterstreichen, dass die Würdigung und die Förderung von Mitarbeitenden über monetäre Anreize hinausgehen. Dieses Kapitel konzentriert sich auf die ökonomische Seite der Arbeit und die Auswirkungen von Gehältern auf die Rentabilität von Unternehmen. Dennoch möchte ich betonen, dass eine menschenzentrierte Führung unabdingbar ist. In meinem Fachbuch „Hybride Arbeitswelt" habe ich mich ausführlich auf diese menschliche Komponente fokussiert. Hier liegt der Schwerpunkt auf der wirtschaftlichen Betrachtung, ohne jedoch die essenzielle Bedeutung einer fairen, fördernden Führung zu vernachlässigen.

Das Thema ist äußerst aktuell, da sich die Gehälter derzeit auf einem historischen Höchststand befinden. Gemäß der Gehaltsstudie von Hays (2023) verdienen IT-Fachkräfte durchschnittlich rund 67.000 € pro Jahr, während Führungskräfte in der IT im Durchschnitt knapp 100.000 € jährlich verdienen. Über die Hälfte der Beschäftigten in der IT (55 %) erlebte bereits 2023 eine durchschnittliche Gehaltserhöhung von 6 %. Diese Zahlen verdeutlichen das vergleichsweise hohe Gehaltsniveau in der IT-Branche, das steigende Tendenzen verzeichnet. Daher ist es not-

3 Wirtschaftslage in Deutschland und Strategien zur ... 33

wendig, regelmäßig zu prüfen, ob Mitarbeitende in Bezug auf ihre Tätigkeiten noch rentabel für das Unternehmen sind.

> **Beispiel**
>
> Ein einfaches Beispiel verdeutlicht diesen Zusammenhang. Angenommen, eine Person arbeitet für einen Kund*innen und verdient derzeit 5000 € pro Monat. Der Verdienst beim Kund*innen beträgt 6000 €. Unter idealen Bedingungen, ohne Berücksichtigung von Krankheitstagen oder Urlaub, würde diese Person dem Unternehmen einen Jahresgewinn von 12.000 € bringen. Steigt das Gehalt dieser Person um 10 % auf 5500 €, so beträgt der Jahresverdienst dieser Person nur noch 6000 €. Gleichzeitig hat der Kund*in eine Preisminderung von 10 % aufgrund der wirtschaftlichen Lage verlangt. Hierdurch ergibt sich eine Gewinnmarge von 0 € für diese Person. Mit der nächsten Gehaltserhöhung würde das Projekt mit dieser Person also unrentabel werden. Solche Szenarien können ein Grund sein, weshalb Unternehmen in eine Insolvenz geraten oder nicht die gewünschten Gewinne erzielen.

Es ist entscheidend, dass die Auswirkungen von Gehaltserhöhungen und Kundenforderungen auf die Rentabilität einzelner Projekte oder Mitarbeitenden genau analysiert werden. Anhand dieser einfachen Beispielrechnung wird erkennbar, dass selbst scheinbar kleine Veränderungen in Gehältern oder Kundenanforderungen die Gewinnmarge nennenswert beeinflussen können. Daher ist zur Kenntnis zu nehmen, dass solche Aspekte wesentlich sind, um langfristig rentabel zu bleiben und Unternehmen vor unerwarteten finanziellen Risiken zu schützen.

> **Beispiel**
>
> Im Folgenden möchte ich als Beispiel ein typisches IT-Projekt für einen neuen Kund*innen erläutern, das einen Umfang von 10.000 € hat. Dieses Projekt erfordert die Arbeitszeit einer/eines IT-Experten*in von 160 h und kostet das Unternehmen 5000 € pro Monat. Mit der einfachen Annahme, dass sich hieraus eine Gewinnmarge von 5000 € ergibt, werden jedoch Kosten für Vertrieb, Betrieb und die Einstellung des Mitarbeitenden außer Acht gelassen.

Um eine realistischere Betrachtung zu ermöglichen, müssen weitere Kosten berücksichtigt werden. Dazu gehören:

- **Einstellungskosten**: Die Einstellung eines neuen Mitarbeitenden verursacht typischerweise einmalige Kosten. Angenommen, die Einstellungskosten für die/den IT-Experten*in betrugen 3000 €. Das lässt sich über die zwei Jahre seiner Tätigkeit im Unternehmen umlegen auf eine jährliche Kostenbelastung von 1500 €.
- **Vertriebskosten**: Die Kosten für den Vertrieb, um neue Projekte zu akquirieren und bestehende Kundenbeziehungen zu pflegen, liegen in diesem Szenario bei 1000 €.
- **Betriebskosten**: Die allgemeinen Betriebskosten, die auch für die Unterstützung der/des IT-Experten*in während des Projekts anfallen, belaufen sich auf 500 €.

Betrachtung der Gesamtkosten
Die Gewinnmarge des Projekts ist zu korrigieren, indem die monatlichen Gesamtkosten vom Erlös abgezogen werden:

10.000 € (Erlös) – 1755,21 € (Gesamtkosten) – 5000 = 3244,79 € (tatsächliche Gewinnmarge).

Deutlich wird hier, dass es entscheidend ist, die Kosten in Unternehmen transparent darzustellen und genau zu verstehen. Möglicherweise wäre sogar ein*e IT-Experte*in mit einem geringeren Gehalt für dieses Projekt wirtschaftlich sinnvoller. Für mich erscheint es hier ratsam, das Projekt nur an die Erfahrungsstufe „Professional" zu verkaufen statt an „Senior". Ein „Senior" hat in der Regel fortgeschrittenere Erfahrung und Qualifikationen in einem bestimmten Bereich im Vergleich zu einer „Professional"- oder „Junior"-Position, wobei Letztere oft weniger Erfahrung oder eine Einstiegsqualifikation haben.

Daher sollten solche Projekte genauer betrachtet werden. Es kann sogar vorkommen, dass unter bestimmten Umständen nach Abzug von Einstellungskosten und weiteren Ausgaben keine Gewinnmarge mehr erzielt wird. Dies unterstreicht die Notwendigkeit, die Rentabilität von

Projekten und Mitarbeitenden exakt zu analysieren, um langfristig wirtschaftlich erfolgreich zu sein.

3.3.5 Teamstrukturanalyse

In diesem Abschnitt wird die Analyse der Teamstruktur in Unternehmen thematisiert, insbesondere im Hinblick auf die Vielfalt der Erfahrungsstufen der Mitarbeitenden. Im Fokus steht die kritische Betrachtung der Annahme, dass Unternehmen durch die oftmals zu hochkarätige Besetzung zwei entscheidende Nachteile haben:

- Senior-Level haben höhere Gehälter und mindern damit die Rentabilität.
- Senior-Level sind schwerer zu rekrutieren und Stellen bleiben so oftmals lange unbesetzt.

Es liegt auf der Hand, dass bei unbesetzten Stellen Projekte nicht angegangen werden können und Umsatz verloren geht, während bei zu teuren Mitarbeitenden (wie im vorangegangenen Abschnitt gezeigt) Projekte unrentabel werden.

> Ich nehme eine Information aus dem nächsten Kapitel vorweg. Es zeigt sich, dass Unternehmen vermehrt nach Bewerbenden auf Senior-Niveau Ausschau halten, anstatt auf Professional- oder Junior-Level. Im Zusammenhang mit dieser Entwicklung liegt die Frage nahe, ob es stets ratsam ist, ausschließlich auf Fachkräfte mit umfangreicher Senior-Erfahrung zu setzen. Im nachfolgenden Abschnitt wird auf diese Thematik vertieft eingegangen.

Optimierte Teamstruktur
Neue Teamzusammensetzung: 3 Senior-Projektmanager*innen, 1 Professional und 1 Junior-Mitarbeitende*r (Vorher 5 Senior Projektmanager*innen).

Die neuen Rollenverteilungen
- Die drei Seniors übernehmen jeweils 15 Projekte pro Monat.
- Der Professional bearbeitet 10 Projekte pro Monat und unterstützt das Team in spezifischen Fachbereichen.
- Der Junior übernimmt administrative Aufgaben für alle drei Projektmanager*innen, wie Einkauf, Controlling und Verwaltungsaufgaben.

Leistung und Rentabilität
- 5 Seniors: 50 Projekte
- 5 Seniors kosten 40.000 € (5 x 8000)
- Neue Struktur: 55 Projekte
- 3 Seniors: 3 x 8000 € = 24.000 €
- 1 Professional: 1 x 6000 € = 6000 €
- 1 Junior: 1 x 4000 € = 4000 €
- 24.000 € + 6000 € + 4000 € = 34.000 €

Einsparungen
Durch die Umstrukturierung spart das Unternehmen 40.000 € (vorherige Gesamtkosten) − 34.000 € (neue Gesamtkosten) = 6000 € pro Monat und hat zusätzlich folgende Vorteile:

- Der Professional Experte*in wickelt ebenfalls 10 Projekte ab, jedoch für 2000 € weniger Gehalt.
- Es kommt ein Umsatzplus für 5 weitere Projekte hinzu.
- Irgendwann wird die Junior Person zum Professional und kann nach guter Einarbeitung unterstützen.

Die vorliegende Fallstudie zeigt, dass die gezielte Umgestaltung von Teamstrukturen durch die Einbindung verschiedener Erfahrungsstufen eine erhebliche Steigerung der Rentabilität ermöglicht. Die Fallstudie soll dazu anregen, über traditionelle Teamstrukturen hinauszudenken und vielfältigere Ansätze in Betracht zu ziehen. Dabei lässt sich durch die gezielte Einbindung unterschiedlicher Erfahrungsstufen nicht nur die

Rentabilität steigern, sondern auch die Flexibilität erhöhen, um Herausforderungen zu bewältigen und Stellen zügiger zu besetzen.

> Mit dieser Fallstudie wird die herkömmliche Annahme infrage gestellt, nach der ausschließlich erfahrene Fachkräfte die wirtschaftlichste Wahl für jedes Unterfangen darstellen. Oft wollen Unternehmen immer, dass ‚jede*r alles kann', dabei lassen sich bestimmte Aufgaben sinnvoll aus einem Team herauslösen, um durch jüngere Fachkräfte abgearbeitet zu werden. Dennoch tun sich Unternehmen oft schwer mit dieser Differenzierung der Aufgabenfelder aus dem Team und finden deswegen keine Fachkräfte.

3.3.6 Investitionsplanung und Umsetzung interner Projekte

Um Optimierungen zum Beispiel durch eine künstliche Intelligenz einzusetzen oder auch ein HR-System im Unternehmen zu etablieren, bedarf es einer sinnvollen Investitionsplanung. Dies wird in den Unternehmen oft durch interne Projekte umgesetzt.

> Interne Projekte gestalten sich im Gegensatz zu Kundenprojekten oft eher chaotisch, nach dem Motto: ‚außen hui – innen pfui'. Stabsstellen wissen nicht, was sie tun sollen, interne Projekte sind bis zu zwölf Monate verzögert oder stehen seit Jahren still und es bewegt sich nichts, notwendige Eskalationen laufen dann ins Leere (vgl. Lindner 2022).

In meinem Fachbuch „Hybride Arbeitswelt" von 2022 zeige ich in Abschn. 3.3, wie das interne Projektmanagement umgesetzt werden kann. In meinem Modell werden visionäre Ziele formuliert, die in Initiativen abgebildet werden. Jede Initiative hat einen verantwortlichen Mitarbeitenden. Das Topmanagement des Unternehmens definiert Projekte, durch die gesteckte Ziel erreicht werden sollen und die nicht länger als drei Monate dauern (angelehnt an die Objective-and-Key-Results-Methode, OKR). Ich möchte in diesem Fachbuch dieses Modell durch den Vorschlag einer rentablen Investitionsplanung erweitern, worauf ich in der Publikation von 2022 noch nicht eingegangen bin. Auch hieran zeigt sich, dass Rentabilität in meinen Projekten noch keine so große Rolle gespielt hat, da dieser Aspekt erst seit 2023 an Bedeutung gewonnen hat.

Schritt 1: Initiale Planung der Ziele (Objectives)
Definieren Sie im ersten Schritt klare Ziele! Welche sind die Ziele des Unternehmens? Die einzelnen Punkte können Sie aufschreiben. Hier einige Beispiele:

- Wir wollen eine funktionierende IT-Infrastruktur!
- Wir wollen KI im Unternehmen etablieren!
- Wir wollen Kund*innen kündigen, die nicht mehr rentabel sind!

Das Anknüpfen interner Projekte an klare Objectives ist essenziell, um sicherzustellen, dass jede Handlung oder Initiative einen relevanten Beitrag zum Gesamterfolg leistet. Ohne diese Verbindung laufen wir Gefahr, in einem Meer von Aktivitäten zu versinken, die zwar Zeit und Ressourcen beanspruchen, jedoch nicht auf das übergeordnete Ziel einzahlen. Die Orientierung an Objectives fungiert als Richtlinie, die uns dabei hilft, den Fokus zu behalten und sicherzustellen, dass unsere Bemühungen tatsächlich den gewünschten Wandel oder Fortschritt vorantreiben. Es ist wie ein Wegweiser, der uns in Richtung der tatsächlichen Ziele lenkt und sicherstellt, dass wir uns nicht in Details verlieren, die nicht zur Gesamtvision beitragen.

Schritt 2: Konzeption von Teilprojekten anstelle von Key-Results
Im traditionellen OKR-Modell werden in der Regel numerische Ziele festgelegt, um den Zielerreichungsgrad zu messen. Allerdings gestaltet sich die genaue Quantifizierung dieser eher abstrakten Ziele oft als herausfordernd. Dieser Prozess ist stets unternehmensspezifisch, und im Kap. 3 zum Thema Controlling wurden bereits Anregungen gegeben. Daher zeige ich hier, wie Sie interne Projekte den Objectives zuordnen können. Interne Projekte zeichnen sich dadurch aus, dass sie durch unternehmensinterne Auftraggeber initiiert und mittels unternehmenseigener Ressourcen abgewickelt werden.

3 Wirtschaftslage in Deutschland und Strategien zur ... 39

  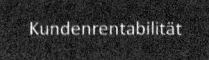

- Einführung Chat-System
- Verbesserung Videokonferenzen
- Prozessdefinition Regelmeetings

- KI in Salesabteilung einführen
- KI Modul in CRM System
- KI Code Generator Einführung

- Identifikation Konzept Messung
- Durchführung der Messung
- Top 30 Kunden kündigen oder optimieren

Abb. 3.4 Aufstellung interner Projekte. (Eigene Abbildung)

> Ich habe keine Schlüsselergebnisse, wie sie üblicherweise bei OKRs zu finden sind, da diese internen Projekte alle sorgfältig kalkuliert sind. Stattdessen habe ich eine Reihe rentabler Projekte, die jeweils als Key-Performance-Indicators (KPIs) quantifiziert sind.

Für jedes interne Projekt nehmen Sie zunächst folgende Punkte auf und fassen diese in einer Übersicht wie in Abb. 3.4 zusammen. Die Erfassung eines internen Projekts beinhaltet folgende Punkte:

- Projektname
- Kurzbeschreibung
- Verweis auf ein Objective
- Wunsch-Start- und Enddatum
- grobe Arbeitspakete
- Ziele des Projekts
- Nichtziele des Projekts (Out of Scope)
- eine*n Sponsor*in (z. B. Vorstand)
- eine*n Auftraggeber*in
- und vieles mehr, vor allem in unternehmensspezifischer Hinsicht.

Mithilfe solcher Ziele, die an eine typische Projekt-Charta angelehnt sind, werden interne Projekte sinnvoll erfasst und können entsprechend durchgeführt werden. Diese Aspekte waren bereits Bestandteil meines Buches „Hybride Arbeitswelt". Nun folgen ergänzende Aspekte, und zwar primär die Kalkulation der internen Projekte.

> Es ist von wichtig, dass im Voraus eine präzise Kalkulation durchgeführt wird, die sowohl die kalkulierten Stunden für das interne Projekt als auch alle involvierten Fachbereiche umfasst.

Diese Kalkulationen sollten fortlaufend überwacht werden. Darüber hinaus sollten Kosten für externe Dienstleistungen sowie für Beschaffungen von beispielsweise Hardware oder Materialien berücksichtigt werden. Es ist ratsam, einen internen Stundensatz, beispielsweise 50 €, zu verwenden oder die Gehälter der Beteiligten genau zu berechnen, um die Kosten für die Implementierung eines KI-Moduls in das Customer-Relationship-Management(CRM)-System zu ermitteln. Auf dieser Basis können Sie prüfen, ob der Gesamtbetrag für dieses interne Projekt angemessen ist und ob sich die Implementierung in den nächsten zwei Jahren überhaupt lohnen würde. Während des Projekts ist zudem darauf zu achten, die Zeiterfassung auf eine spezifische Kostenstelle zu buchen, um eine nachvollziehbare Kostenverfolgung zu gewährleisten. Dies ermöglicht eine genaue Kontrolle der Kosten und eine fundierte Bewertung des Projektfortschritts und seiner Rentabilität.

Zum besseren Verständnis gebe ich ein Beispiel dazu. Angenommen, Sie planen die Einführung eines KI-Moduls in Ihr CRM-System. Für diese Implementierung werden 15 h vom Sales-Team, 40 h vom IT-Team und 10 h vom Einkauf benötigt. Zusätzlich kostet das KI-Modul selbst 10.000 €.

Die monatlichen Gehälter betragen dabei: 6000 € für einen Experten*innen im Sales, 5000 € in der IT und 3500 € im Einkauf.

Hier die Kostenberechnung
- **Sales (15 h):**
  - 15 h x 1 Experte*in x 6000 €/160 Arbeitsstunden (übliche Arbeitsstunden pro Monat) = 562,50 €.
- **IT (40 h):**
  - 40 h x 2 Experten*innen x 5000 €/160 Arbeitsstunden = 5000 €.
- **Einkauf (10 h):**
  - 10 h x 1 Experte*in x 3500 €/160 Arbeitsstunden = 218,75 €.
- **Kosten des KI-Moduls:**
  - 10.000 €.

Die Gesamtkosten für die Implementierung des KI-Moduls im CRM-System belaufen sich somit auf: 15.781,25 €.

Es liegt nun an Ihnen, sich zu überlegen, ob durch die Effizienzgewinne die 15.000 € in diesem Beispiel gerechtfertigt sind oder ob diese in ein anderes Projekt investiert werden können, durch das sich mehr Gewinn für das Unternehmen erwirtschaften lässt.

> Ein entscheidender Schritt besteht darin, die internen Kosten gegen den erwarteten Nutzen des Projekts abzuwägen. Die Frage lautet: Rechtfertigen die potenziellen Effizienzsteigerungen und Vorteile z. B. des KI-Moduls eine Investition von beispielsweise 15.000 €? Möglicherweise könnte diese Summe auch in ein anderes Projekt investiert werden, das einen deutlich höheren Gewinn für das Unternehmen generiert. Es liegt an Ihnen, sorgfältig abzuwägen, ob diese Investition im Verhältnis zu den erwarteten Ergebnissen steht und ob sie langfristig die angestrebten Vorteile für Ihr Unternehmen mit sich bringt.

3.4 Fazit

In diesem Kapitel wurde die aktuelle wirtschaftliche Lage Deutschlands beleuchtet, die von einem Anstieg im Bereich der Insolvenzen und einem prognostizierten Wirtschaftsrückgang um 0,5 % für das Jahr 2023 geprägt ist. Diese Tendenzen lassen sich auf verschiedene Faktoren zurückführen, darunter ein zu hohes Maß an Bürokratie, die Steuerlast, gestiegene Energiekosten, der Fachkräftemangel, Investitionsstrategien, ineffiziente Prozesse und die Zahlungsfähigkeit der Kund*innen.

Im weiteren Verlauf des Kapitels wurde auf Strategieanpassungen eingegangen, die dazu dienen, effektiver auf diese neue Situation zu reagieren und die eigene Rentabilität zu steigern. Hierbei steht insbesondere die Anpassung des Controllings im Fokus, um Projekte gezielt zu überwachen und auf ihre Rentabilität zu achten. Zudem wird die Notwendigkeit der Messung und der Optimierung interner Prozesse betont, da eine sinnvolle Optimierung oft zu erheblichen Einsparungen an Arbeitszeit führen kann.

Des Weiteren erfolgte eine detaillierte Analyse der Gehaltsstruktur, die sinnvoll ist, um sicherzustellen, dass jeder Mitarbeitende entsprechend seines Gehalts einen adäquaten Wert für das Unternehmen erbringt. Zudem wurden interne Projekte auf ihre Wirtschaftlichkeit hin untersucht, um überprüfen zu können, dass die damit verbundenen Kosten einen entsprechenden Wert für das Unternehmen generieren.

Diese Maßnahmen sind darauf ausgerichtet, die Rentabilität von Unternehmen zu steigern, um Herausforderungen wie Insolvenzen trotz voller Auftragsbücher zu begegnen, die Gehälter der Mitarbeitenden zu erhöhen, Investitionen zu tätigen und langfristig finanziell nachhaltig zu bleiben.

Literatur

BDEW (2023). Strompreisanalyse. https://www.bdew.de/media/documents/BDEW-Strompreisanalyse_o_dw_halbjaehrlich_Ba_online_24072023.pdf. abgerufen am 25.11.2023

Bild (2023). Tschüss Deutschland. https://www.bild.de/politik/inland/politik-inland/wirtschaft-wandert-ab-tschuess-deutschland-87084980.bild.html. abgerufen am 25.11.2023

Come-On (2023). Trotz voller Auftragsbücher: Teckentrup meldet Insolvenz in Eigenverwaltung an. https://www.come-on.de/lennetal/herscheid/trotz-voller-auftragsbuecher-teckentrup-meldet-insolvenz-in-eigenverwaltung-an-91879876.html abgerufen am 25.11.2023

DZ Bank (2023). Bürokratie lähmt Wirtschaft – 40 Prozent wollen Beschäftigung in Deutschland reduzieren. https://www.wiwo.de/unternehmen/mittelstand/standort-deutschland-buerokratie-laehmt-wirtschaft-40-prozent-wollen-beschaeftigung-in-deutschland-reduzieren/29496966.html. abgerufen am 25.11.2023

Familienunternehmen (2023). Länderindex Familienunternehmen. https://www.familienunternehmen.de/laenderindex-familienunternehmen. abgerufen am 25.11.2023

Fokus (2022). Bauunternehmen Wolff Hoch- und Ingenieurbau ist insolvent. https://www.focus.de/finanzen/news/125-jahre-nach-der-gruendung-deutsches-bauunternehmenwolff-hoch-und-ingenieurbau-meldet-insolvenz-an_id_166201536.html. abgerufen am 14.03.2024

Handelsblatt (2023). Zahl der Insolvenzen in Deutschland gestiegen. https://www.handelsblatt.com/politik/konjunktur/iwh-studie-zahl-der-insolvenzen-in-deutschland-gestiegen/29083028.html. abgerufen am 25.11.2023

Hays (2023). Gehaltsreport IT. https://www.hays.de/personaldienstleistung-aktuell/studie/hays-studie-it-gehaltsreport-2023. abgerufen am 25.11.2023

Lindner, D. (2022). Hybride Arbeitswelt Empfehlungen für die Arbeit zwischen Home und Office. Springer Gabler.

Manager Magazin (2023). Warum es trotz Boom in der Baubranche eine Pleitewelle gibt. https://www.manager-magazin.de/unternehmen/insolvenzen-im-baugewerbe-warum-es-trotz-boom-in-der-baubranche-eine-pleitewelle-gibt-a-ceb445fb-5c46-4209-9a38-e1730b7cf300. abgerufen am 25.11.2023

Merkur (2023). Miele, Porsche & Co: Unternehmen verlassen Deutschland – Nicht mal die Finanzkrise war so gravierend. https://www.merkur.de/wirtschaft/so-gravierend-unternehmen-verlassen-deutschland-nicht-mal-die-finanzkrise-war-zr-92833252.html. abgerufen am 25.11.2023

OECD (2023). Körperschaftsteuersätze[1] in ausgewählten Ländern weltweit im Jahr 2023. https://de.statista.com/statistik/daten/studie/1225581/umfrage/unternehmenssteuern-ausgewaehlter-laendern. abgerufen am 25.11.2023

Spiegel (2023). Unternehmen in Deutschland zunehmend genervt von Bürokratie. https://www.spiegel.de/wirtschaft/unternehmen/unternehmen-in-deutschland-zunehmend-genervt-von-buerokratie-a-8b2ec84e-1944-4a8e-8da1-14853410b973. abgerufen am 25.11.2023

Statistisches Bundesamt (2023). Gewerbeanmeldungen und Insolvenzen. https://www.destatis.de/DE/Themen/Branchen-Unternehmen/Unternehmen/Gewerbemeldungen-Insolvenzen/_inhalt.html#. abgerufen am 25.11.2023

Tagesschau (2023). Standort Deutschland immer unattraktiver. https://www.tagesschau.de/wirtschaft/unternehmen/standort-deutschland-wettbewerbsfaehigkeit-zew-familienunternehmen-regulierung-steuern-101.html. abgerufen am 25.11.2023

Verdi (2023). Tarifeinigung für Beschäftigte im öffentlichen Dienst bei Bund und Kommunen erzielt. https://www.verdi.de/presse/pressemitteilungen/++co++d261a3b0-e147-11ed-86d1-001a4a160129. abgerufen am 25.11.2023

Wirtschaftswoche – WiWo. (2024). Niedriges Wachstum wird zur deutschen Normalität. https://www.wiwo.de/politik/konjunktur/konjunktur-niedriges-wachstum-wird-zur-deutschen-normalitaet/29747072.html. abgerufen am 03.05.2024

4

Arbeitswelt 2024: Fachkräftemangel, Diversity und Generation Z

Im Zentrum jedes Unternehmens stehen Menschen – sie sind nicht nur Teil des Unternehmens, sondern vielmehr der Kern, der den Unternehmenserfolg maßgeblich prägt. Dieses Kapitel widmet sich daher den Mitarbeitenden des Unternehmens und in diesem Kontext besonders dem Thema Fachkräftemangel. Dazu werden Zahlen und Statistiken angeführt sowie Lösungsansätze für den Fachkräftemangel in Form von Benefits, neuen Recruiting-Maßnahmen und moderner Führungskultur vorgestellt. Abgerundet werden die Inhalte durch Tipps zum Umgang mit Diversity und der Generation Z.

4.1 Fakten zum Fachkräftemangel

Der Fachkräftemangel ist ein andauerndes Problem in Deutschland, das sich in den vergangenen Jahren verstärkt hat. Insbesondere in den MINT-Berufen (Mathematik, Informatik, Naturwissenschaft und Technik) zeichnen sich deutliche Engpässe ab. Aktuell sind etwa 1,7 Mio. Stellen unbesetzt, was größtenteils auf den Mangel an qualifizierten Fachkräften zurückzuführen ist (IAB 2023).

Die Situation in Bezug auf den Fachkräftemangel stellt bereits seit 2015 eine Herausforderung dar. Während die grundlegenden Probleme ähnlich geblieben sind, haben sich spezifische Aspekte verändert. Um die Situation besser zu verstehen, ist es deswegen wichtig, eine detaillierte Analyse der Veränderungen seit 2015 vorzunehmen. Neue Technologien, sich wandelnde Arbeitsmodelle und demografische Verschiebungen könnten den Fachkräftemangel beeinflusst haben. Daher erfordert die Bewältigung des aktuellen Bedarfes möglicherweise aktualisierte und spezifischere Herangehensweisen im Vergleich zu früheren Lösungsansätzen.

Bei einem Vergleich zwischen dem Jahr meines Berufseinstiegs 2015 und dem aktuellen Stand 2023 zeigt sich anhand des BA-X, des Fachkräftemangelindex in Abb. 4.1 der Bundesagentur für Arbeit, eine klare Entwicklung: Der Fachkräftemangel hat deutlich abgenommen und die Situation hat sich im Vergleich zu 2015 leicht entspannt.

> Der Fachkräftemangel hat sich zwar seit 2015 auf einem niedrigeren Niveau eingependelt, ist jedoch weiterhin bemerkenswert hoch. Trotz gewisser Entspannung in einigen Bereichen bleibt die Suche nach qualifizierten Fachkräften eine fortwährende Herausforderung für Unternehmen.

Abb. 4.1 Fachkräfteindex der Bundesagentur für Arbeit 2015–2023. (Eigene Darstellung mit Daten der Bundesagentur für Arbeit 2023)

Es lässt sich feststellen, dass die Zahl der ausgeschriebenen Stellen zwar immer noch hoch ist und Fachkräfte generell gesucht werden, die Situation sich allerdings in einigen Branchen deutlich entspannt hat. Beispielsweise zeigt der Fachkräfteindex von Hays (2023), dass die Suche nach Personalerinnen und Personalern im Vergleich zum Jahr 2022 um ganze 36 Prozentpunkte eingebrochen ist. Auch in der Top-Branche IT geht die Zahl der Gesuche zurück. Die IT-Gesuche liegen laut Hays erstmals unter der 100.000-er-Marke. Laut Hays zeigen sich auch bei IT-Security-Spezialisten, Datenbankentwicklern, IT-Administratoren und IT-Architekten deutliche Einbrüche.

> Die starke Zurückhaltung der deutschen Wirtschaft bei Investitionen schlägt sich aktuell auch in der Nachfrage nach neuen Fachkräften nieder. Allein im Verlauf des Jahres 2023 brach die Anzahl der gesuchten Stellen bei Hays um 19 Prozentpunkte ein und liegt auf dem niedrigsten Wert bei der Fachkräftenachfrage seit Ende 2021 (Hays 2023).

Die erste Erkenntnis, die sich daraus ableiten lässt, ist, dass sich der Fachkräftemangel etwas entspannt hat. Doch welche weiteren Veränderungen gibt es im Vergleich zu 2023? Wie verteilen sich die gesuchten Fachkräfte? Zum besseren Verständnis habe ich Daten der Bundesagentur für Arbeit untersucht, die sich auf die Verteilung der Stellen im Jahr 2015 konzentrieren. Das Ergebnis findet sich in Abb. 4.2. Im Bereich der Berufseinsteiger ohne Erfahrung gab es etwa 15 % unbesetzte Stellen, vor allem in Vertrieb, Kundendienst, Assistenz und einigen technischen Bereichen. Bei ein bis drei Jahren Erfahrung lag die Rate bei etwa 20 %, sowohl in technischen als auch nichttechnischen Positionen. Für Positionen mit drei bis fünf Jahren Erfahrung blieben etwa 30 % der Stellen unbesetzt, meist in spezialisierteren Rollen wie Projektmanagement, IT-Support und fortgeschrittenem Vertrieb. Stellen, die über fünf Jahre Erfahrung erforderten, wiesen eine Rate von ca. 35 % unbesetzten Stellen auf, vor allem in Führungspositionen, dem erfahrenen Ingenieurwesen, bei Gesundheitsspezialisten und Experten*innen in verschiedenen Fachbereichen.

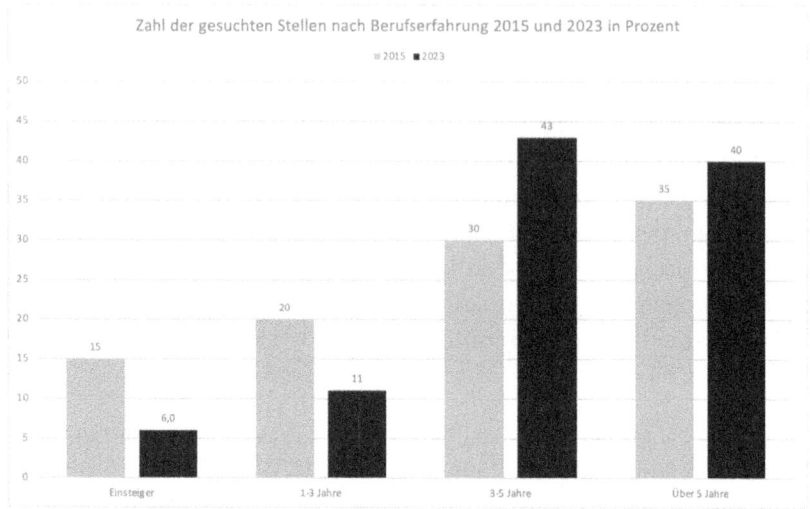

Abb. 4.2 Vergleich der Fachkräftegesuche 2015 und 2023. (Eigene Erhebung aus 30 IT-Unternehmen in Süddeutschland)

Da es für 2023 noch keine offiziellen Daten gibt, habe ich eine eigene Erhebung durchgeführt. Auf Basis einer eigenen Stichprobe von 30 Unternehmen aus Süddeutschland habe ich die öffentlich einsehbaren Karriereseiten untersucht und eine Statistik erstellt, die ein ähnliches Bild ergibt. Zwischen Unternehmen 27 und 30 war keine signifikante Veränderung der Zahlen mehr festzustellen, weshalb ich die Untersuchung bei 30 eingestellt habe.

Der Vergleich zwischen 2015 und 2023 zeigt einen deutlichen Anstieg der Nachfrage nach Fachkräften mit unterschiedlicher Berufserfahrung. Insbesondere hat der Bedarf an erfahrenen Mitarbeitenden im Jahr 2023 signifikant zugenommen. Etwa 40 % der Stellen waren für Berufseinsteiger ausgeschrieben, während auch ein deutlicher Bedarf an Fachkräften mit über fünf Jahren Erfahrung bestand.

Unternehmen könnten bedingt durch die Wirtschaftsrezession 2023 ihre Einstellungsstrategien überdacht haben und verstärkt auf erfahrene Fachkräfte gesetzt haben, um schneller produktiv zu sein und Risiken zu minimieren. Möglicherweise hat auch die längere Einarbeitungszeit junger Talente dazu geführt, dass Unternehmen vermehrt nach Mitarbeitenden mit mehr Erfahrung suchen. Dies könnte den Fokus auf

Fachkräfte mit drei bis fünf Jahren Erfahrung verstärkt haben, da diese oft über solide Fachkenntnisse und praktische Erfahrung verfügen. Besonders in den Jahren 2010–2015, als ich selbst Student war, wurden viele Junior-Fachkräfte gesucht und ich nahm selbst an zahlreichen Recruiting-Events teil. Wir waren oft auf Kosten von Unternehmen für sogenannte Fallstudien in teuren Hotels und es gab sogar Recruiting-Events mit Flügen nach Mallorca und in Skigebiete. Mittlerweile finden diese deutlich seltener statt. Die Entwicklung zeigt sich also auch in der Praxis, was die Zahlen bestätigen.

Der Fachkräftemangel ist weiterhin auf einem hohen Niveau. Es gilt weiterhin mit voller Kraft, den Kampf um gute Mitarbeitende zu führen. Allerdings zeigt sich eine Verschiebung des Bedarfs von Berufseinsteigern zu erfahrenen Fachkräften. Dies ist vor allen durch die Wirtschaftskrise zu begründen. Da dazu noch keine aktuellen Studien vorliegen, wurden die Daten durch eine selbst erhobene Stichprobe fundiert. Die Ergebnisse spiegeln sich auch in meiner Erfahrung als Berufseinsteiger und nun als Führungskraft sowie in Gesprächen mit anderen Personen mit Entscheidungskompetenz in Unternehmen wider.

4.2 Diversity in Unternehmen

Ein wesentlicher Faktor der neuen Arbeitswelt ist das Thema Diversity, das nicht vernachlässigt werden sollte. Diversity in Unternehmen bedeutet, dass Menschen aufgrund sichtbarer und unsichtbarer Merkmale, die sie unterscheiden, gleichberechtigt behandelt werden. Dabei handelt es sich laut einer ifm-Business-Studie (IFM 2023) um folgende Eigenschaften:

- Alter,
- Geschlecht,
- geschlechtliche Identität,
- Religion,
- Weltanschauung,
- Ethnische Herkunft/Nationalität,
- Körperliche und geistige Fähigkeiten,
- Sexuelle Orientierung,
- Soziale Herkunft.

In Zeiten des Fachkräftemangels streben Unternehmen danach, eine divers zusammengesetzte Belegschaft zu schaffen. Diversity-Management zielt darauf ab, durch eine offene Unternehmenskultur aus verschiedenen Menschen nicht nur Teams, sondern eine Gemeinschaft zu formen. Im Glasdoor Diversity Report (Indeed 2023) gaben zwei Drittel der befragten Personalverantwortlichen an, dass ihre Belegschaft in den letzten Jahren diverser geworden ist. Allerdings konzentrieren sich nur 40 % der Personalverantwortlichen aktiv auf eine gezielte Förderung von Diversity in der Stellenbesetzung durch spezifische Formulierungen in Stellenanzeigen.

Die Studie zeigt zudem, dass im Recruiting durch eine höhere Diversity im Durchschnitt die Einstellung von Fachkräften zu 22 % schneller erfolgt ist und dass knapp 48 % mehr Bewerbungen zu verzeichnen sind. Dies unterstreicht, dass ein Fokus auf Diversity nicht nur sozial, sondern auch betriebswirtschaftlich positive Auswirkungen haben kann.

Die Etablierung einer veränderten Kultur im Unternehmen ist ein langer Prozess. In diesem Abschnitt möchte ich Möglichkeiten aufzeigen, die dabei unterstützen können, auf der einen Seite die Kultur und auf der anderen Seite die Diversity im Recruiting zu verbessern.

Mit folgenden Empfehlungen – die hier kurz und knapp zusammengefasst sind – habe ich gute Erfahrungen gemacht, um die Diversity im Unternehmen zu fördern:

- **Setzen Sie Diversity als strategisches Ziel**: Implementieren Sie Diversity und Inklusion als strategisches Ziel des Unternehmens. Setzen Sie klare Ziele und definieren Sie messbare KPIs, um den Fortschritt zu verfolgen und sicherzustellen, dass Diversity eine Priorität hat.
- **Bieten Sie Diversityschulungen und Sensibilisierung an**: Bieten Sie Schulungen an, die Mitarbeitende über Diversity und Inklusion informieren. Diese Schulungen sollten darauf abzielen, Vorurteile abzubauen, Empathie zu fördern und ein Bewusstsein für die Vorteile vielfältiger Teams zu schaffen.
- **Integrieren Sie Diversity in den Recruiting-Prozess**: Überarbeiten Sie den Recruiting-Prozess, um die Vielfalt der Bewerbenden zu er-

höhen. Verwenden Sie verschiedene Rekrutierungskanäle, Plattformen und Netzwerke, die eine breite Palette von Talenten ansprechen. Stellen Sie sicher, dass Stellenanzeigen inklusiv und nichtdiskriminierend formuliert sind.
- **Stellen Sie vielfältige Interviewpanels zusammen**: Sorgen Sie dafür, dass Interviewpanels divers zusammengesetzt sind, um verschiedene Perspektiven während des Auswahlprozesses zu gewährleisten. Dies kann dazu beitragen, unbewusste Vorurteile zu minimieren und diverse Kandidat*innen fair zu bewerten.
- **Implementieren Sie Mentoring-Programme**: Implementieren Sie Mentoring-Programme, die es Mitarbeitenden unterschiedlicher Hintergründe ermöglichen, sich zu vernetzen und voneinander zu lernen. Diese Programme können dazu beitragen, den Integrationsprozess neuer Mitarbeitenden zu unterstützen.
- **Überarbeiten Sie Unternehmensrichtlinien**: Überprüfen und überarbeiten Sie die Unternehmensrichtlinien, um sicherzustellen, dass sie inklusiv und diversityfreundlich sind. Das beinhaltet Aspekte wie flexible Arbeitszeiten, Elternzeit, kulturelle Feiertage usw.
- **Nutzen Sie Messung und Analyse**: Verwenden Sie regelmäßig Datenanalysen, um den Fortschritt in Bezug auf Diversity und Inklusion zu messen. Identifizieren Sie Bereiche, die verbessert werden können, und passen Sie die Strategien entsprechend an.
- **Feiern Sie Vielfalt und Inklusion**: Organisieren Sie Veranstaltungen oder Initiativen, die die Vielfalt innerhalb des Unternehmens feiern. Das können kulturelle Festivals, Diversity-Tage oder Foren für den Austausch von Erfahrungen sein.

> „Worte haben Macht, Tinte hat Ausdauer, Papier hat Geduld." (unbekannte*r Autor*in) – Im Internet gibt es die Möglichkeit, die Charta der Vielfalt zu unterschreiben. Dabei handelt es sich um eine Arbeitgebendeninitiative zur Förderung von Vielfalt in Unternehmen und Institutionen, die 2006 ins Leben gerufen wurde. Sie wird von der Beauftragten der Bundesregierung für Migration, Flüchtlinge und Integration, Staatsministerin Reem Alabali-Radovan, unterstützt. Auch ich habe mich dieser Initiative mit meinem Verein Agile Unternehmen e. V. angeschlossen.

4.3 Generation Z

Der demografische Wandel ist ein kontinuierlicher Prozess, der unaufhörlich voranschreitet. Um das Jahr 2015 trat die Generation Y in den Arbeitsmarkt ein, während nun die neue Generation Z das Zepter übernimmt.

In diesem Kontext definiere ich die Generation Z als Personen, die zwischen 1995 und 2010 geboren wurden. Ihr charakteristisches Merkmal ist, dass sie mit Smartphones und der zunehmenden Digitalisierung aufgewachsen sind, weshalb sie auch als „Digital Natives" bezeichnet werden. Zu erwähnen ist weiterhin, dass in dieser Klassifizierung auf die Generation Z die Generation Alpha folgt.

Auch wenn aktuell weniger Junior-Stellen zu vergeben sind, stellt die Generation Z dennoch die Zukunft der Unternehmen dar. Abb. 4.3 zeigt, dass die Generation Z mit bereits 11,6 Mio. Menschen einen breiten Anteil am Arbeitsmarkt einnehmen wird. Aus diesem Grund sollen im Folgenden Empfehlungen für den konstruktiven Umgang mit den Vertreterinnen und Vertretern der Generation Z gegeben werden.

> Auch wenn die in Kap. 2 angeführten Schlagzeilen etwas anderes behaupten, kann ich bestätigen: „Die Generation Z ist nicht faul, sie will nur anders arbeiten!"

Ich möchte in diesem Fachbuch nicht nur die Generation Z ‚erklären', sondern auch auf die Erwartungen der Generation an die Unternehmen

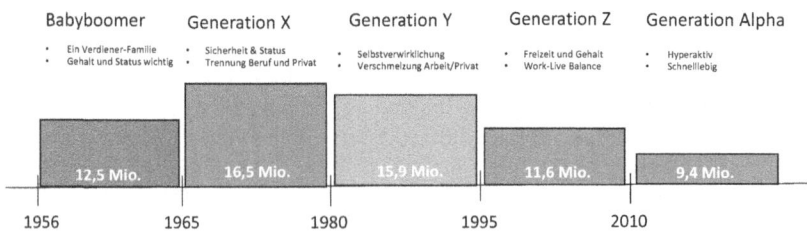

Abb. 4.3 Verteilung der Generationen in Deutschland. (Stand 2021 Daten: IHK München 2023, eigene Abbildung)

eingehen. Kurz zusammengefasst gelten die Personen, die dieser Altersgruppe angehören, als Menschen, die:

- eher eine lockere Bindung an den Arbeitgeber bevorzugt,
- Wert auf schnelle und sofortige Ergebnisse legt,
- viel Lob, ein gutes Gehalt erwartet,
- die Trennung zwischen Arbeit und Privatleben schätzt und
- verstärkt nach Sicherheit sucht.

Die Erwartungen der jungen Generation werden regelmäßig erfasst und in den Azubi Recruiting Trends (U-Form Testsysteme 2023) zusammengefasst. Dies ist eine Befragung von über 5000 Azubis (w/m/d). Die wichtigsten Ergebnisse sind:

- Etwa die Hälfte der befragten Jugendlichen hatte die Möglichkeit, zwischen zwei Ausbildungsangeboten zu wählen.
- Jedoch sind zahlreiche Arbeitsplätze für die Generation Z nicht besetzt.
- Gerade schwammige Stellenanzeigen führen zu wenigen Bewerbenden, da die Generation Z genau wissen will, welche Eigenschaften und Aufgaben für den Job wichtig sind.
- Weiterhin fordert die Generation eine klare Abgrenzung zwischen Privat- und Berufsleben am besten in schriftlicher Form durch z. B. eine Betriebsvereinbarung

> Die Generation Z strebt nach Sicherheit und einer eindeutigen Abgrenzung zum Privatleben. Arbeitgeber müssen Jobprofile genauer beschreiben und die Möglichkeit bieten, Privates und Berufliches zu trennen. Es wird empfohlen, die Stellenanforderungen und -angebote im Bewerbungsprozess im Detail zu definieren und zu erklären. Auch kann es helfen, eine Berufsberatung anzubieten und eher unbekanntere Stellenprofile den jungen Menschen besser zu erklären oder Schnuppertage anzubieten. Ich habe beispielsweise meiner Werkstudentin im Januar 2024 relevante Abteilungen und Jobs im Unternehmen erklärt und ihr geholfen auch außerhalb meines Teams Erfahrungen zu sammeln.

Die Azubi Recruiting Trends (U-Form Testsysteme 2023) bieten Einblicke aus der Perspektive der Arbeitgeber. Die zentralen Ergebnisse lauten wie folgt:

- Zwei Drittel der jungen Fachkräfte würden bei einem passenden Angebot sofort den Arbeitsplatz wechseln, was sich für Arbeitgeber negativ auswirken kann.
- Unter den befragten Auszubildenden legt jede zweite Person Wert auf eine Gemeinschaft am Arbeitsplatz und eine als sinnvoll empfundene Tätigkeit.
- Zudem schätzen fast alle Weiterentwicklungsmöglichkeiten und eine ausgewogene Work-Life-Balance als wichtig ein.
- Die Befragten verweisen darüber hinaus auf das merkliche Sicherheitsbedürfnis der Generation Z, da Krisen und steigende Lebenshaltungskosten, Kriegsgefahr, Klimawandel und Energiekrise beträchtliche Unsicherheiten hervorrufen.
- Wertschätzung und aktives Lob sind laut der befragten Unternehmer*innen für die Generation Z ebenfalls von wesentlicher Bedeutung.

> Junge Menschen sehen sich weniger an Unternehmen gebunden und fordern deutlich mehr Lob, unbefristete und planbare Stellen und eine gewisse Lockerheit in der Arbeit. Versuchen Sie daher stets Spaß, Anerkennung und Sicherheit zu vermitteln.

Eine Schlagzeile in Kap. 1 des Fachbuchs verweist auf das gängige Vorurteil, dass die Generation Z faul sei. Diese Annahme gründet sich in der Regel auf folgende Fakten: Wichtig für die Generation ist die Möglichkeit, Teilzeitoptionen zu wählen und nur 10 % sind bereit, ohne Vereinbarung über einen Freizeitausgleich Überstunden zu leisten. Auch Arbeit an Wochenenden und Weiterbildung in der Freizeit kommen nur für 15 % in Frage und 60 % würden bei gleichem Gehalt und weniger Arbeitszeit die Stelle wechseln. Diese Ansprüche werden oft als Ausdruck von Faulheit oder einer Null-Bock-Einstellung gewertet. Gerade für die Generation der Babyboomer oder die Generation X gelten Forderungen nach Work-Live Balance und Mental Health (siehe Abschn. 4.5) als ‚arbeitsscheu'.

> Die Generation Z ist nicht faul, fordert aber durch die strikte Trennung zwischen Beruflichem und Privatem auch klare Regelungen zu Überstunden und Weiterbildung in der Freizeit. Es ist daher notwendig, dass Sie diese Bereiche sinnvoll definieren und auch Teilzeitmodelle anbieten, da sich sonst eine hohe Zahl an Fachkräften vom Arbeitsmarkt ausgeschlossen sieht. Ähnlich verhielt es sich 2015 bei Bürojobs ohne Homeofficeangebot für Generation Y.

Zusammenfassend lassen sich einige Schlüsselthemen festhalten, die für die Generation Z von Bedeutung sind:

- effizientes Recruiting und transparente Einstellungsprozesse,
- ein aktiver und authentischer Social-Media-Auftritt des Unternehmens,
- die Vermittlung von Stabilität und Sicherheit im Unternehmensumfeld sowie
- Nachhaltigkeit, Umweltbewusstsein und Diversity.

Diese vier Schwerpunkte bilden zugleich die Grundlage für die folgenden drei Abschnitte: Zunächst wird eine Reihe praktischer Aspekte betrachtet. Das beinhaltet Empfehlungen für zeitgemäßes Recruiting, die effektive Nutzung von Social Media, flexible Arbeitsmodelle sowie weitere Benefits, um Sicherheit und Stabilität in der Unternehmenskultur zu verankern. Abschließend konzentriert sich Kap. 6 auf die Aspekte Nachhaltigkeit und Umwelt.

Ebenfalls zu berücksichtigen ist, dass die Generation Z verstärkt Wert auf Ehrlichkeit und Transparenz legt. Nicht eingehaltene Versprechen oder übermäßige Boni für Führungskräfte können erheblichen Unmut hervorrufen – dies ist bei dieser Generation deutlicher ausgeprägt als bei anderen.

> Für alle, die mit der Generation Z arbeiten: Priorisieren Sie Transparenz bei Unternehmensentscheidungen, Fairness bei Boni und klare Kommunikation zu Klimaschutz, Nachhaltigkeit und Vielfalt. Diese Punkte sind für diese Generation essenziell und sollten daher die Grundlage für eine positive Unternehmensführung bilden.

4.4 Moderne Recruiting-Maßnahmen und Personalmarketing

Recruiting ist entscheidend für Unternehmen, denn vor allem Fachkräfte sind das Kapital von Unternehmen. Laut einer Studie der Bitkom (2023) fehlen aktuell allein im IT-Bereich in Deutschland 137.000 Fachkräfte und es dauert im Durchschnitt fünf Monate, bis eine Stelle wieder besetzt wird.

In diesem Abschnitt werden zuerst allgemeine Daten zu Recruiting-Trends vorgestellt und anschließend Tipps für ein modernes Recruiting 2024 sowie den Aufbau einer Arbeitgebermarke mit neuartigen Methoden wie LinkedIn, Instagram und TikTok gegeben.

> Traditionelle Rekrutierungsmuster bleiben bestehen: Stellen werden ausgeschrieben, Bewerbungen erfordern Zeit und Überlegung. Doch Bewerbende nutzen vermehrt digitale Plattformen für schnelle, weniger durchdachte Bewerbungen. Einige vergessen sogar nach Einladungen, dass sie sich beworben haben. Das beeinflusst möglicherweise die Qualität der Bewerbungen und erschwert Arbeitgebern die Identifizierung passender Kandidat*innen. Unternehmen könnten neue Strategien anwenden, wie effizientere Screening-Methoden, um diesem Trend entgegenzuwirken und den Prozess für alle effektiver zu gestalten.

Speziell durch die Erfahrungen zur Zeit der COVID-19-Pandemie hat sich das Mindset vieler Fachkräfte verändert. Laut einer Michael Page Studie (2023) unter 5000 Fachkräften sind 82 % grundsätzlich offen für einen Jobwechsel, was unter dem Schlagwort der ‚Great Resignation' zusammengefasst wird. Damit wird der weltweite Trend beschrieben, dass Arbeitnehmende ihren Job nach nur ein bis drei Jahren kündigen. Das bedeutet, dass Mitarbeitende direkt nach der Einarbeitung wieder gehen, was für Unternehmen besonders schmerzhaft ist. Das Phänomen und der zugehörige Begriff haben sich während der COVID-19-Pandemie etabliert und sind nach wie vor aktuell.

Laut Abb. 4.4 wechselten im Jahr 2022 insgesamt 26 % der befragten 5000 Fachkräfte ihren Arbeitsplatz. Diese Daten legen nahe, dass sich Recruiting-Strategien verstärkt auf die Anpassung an die Schnelligkeits-

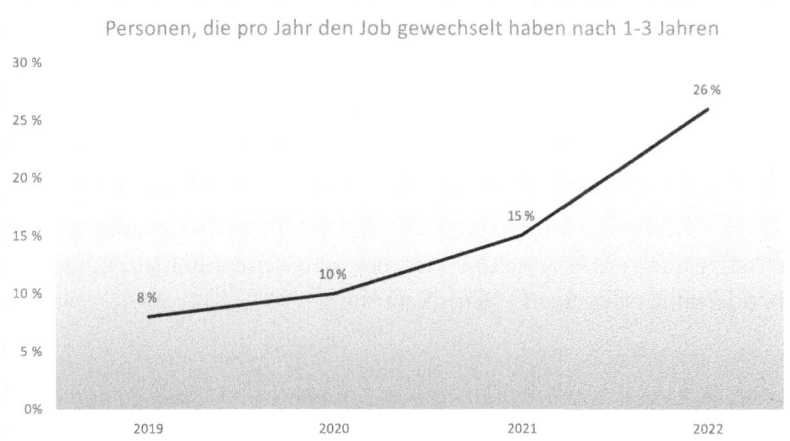

Abb. 4.4 Zahlen der Great Resignation. (Eigene Darstellung aus Michael Page Studie 2024)

anforderungen („digital Sofortness") der modernen Gesellschaft und die Bedürfnisse von Kandidat*innen fokussieren sollten, die einen Wechsel anstreben, anstatt ausschließlich auf Stabilität und Vorhersehbarkeit zu setzen. Die Bereitschaft von Individuen, ihre Meinung bezüglich einer Stelle schnell zu ändern, verdeutlicht, dass Flexibilität und Anpassungsfähigkeit im Recruiting-Prozess essenziell sind. In diesem Kontext möchte ich im Folgenden neue Methoden für ein modernes Recruiting vorstellen.

One-Click, Videos und mobile Bewerbungen

One-Click-Bewerbungen beschleunigen den Bewerbungsprozess durch ihre Einfachheit. Hierbei können sich Bewerbende mit nur einem Klick über Plattformen wie LinkedIn oder spezielle Bewerbungsseiten bewerben. Auf der eigenen Website kann mithilfe einer Verknüpfung zu LinkedIn eine solche Bewerbung implementiert werden. Alternativ kann auch ein kurzes Formular mit Name, Nachricht und Lebenslauf(CV)-Upload eingerichtet werden.

Die Vorteile dieses Verfahrens liegen auf der Hand: Die Bewerbung wird deutlich vereinfacht, indem bereits vorhandene Profilinformationen genutzt werden. Dies ist besonders attraktiv für die Generation Z, die

Wert auf Effizienz und Zeitersparnis legt. Diese Methode verringert den Zeitaufwand für Bewerbende, erfordert jedoch aufgrund der höheren Anzahl von Bewerbungen von den Unternehmen die Bereitschaft, sich auf automatisierte Prozesse umstellen. Zusätzlich steigt bei schnellen One-Click-Bewerbungen auch die Zahl der Bewerbungen, die ‚aus einer Laune heraus' abgeschickt werden. Es gilt daher, im Vorfeld ein automatisiertes Screening durchzuführen, ob die Bewerbung auch wenige Tage später noch ernst zu nehmen ist, beispielsweise durch ein kurzes Bewerbendenquiz oder eine E-Mail-Nachfrage.

> One-Click-Bewerbungen führen zu einem erhöhten Aufkommen von Bewerbungen. Nach Eingang der Bewerbungen gilt es, beispielsweise durch E-Mails oder ein Bewerbendenquiz nach Qualifikationen zu filtern, um zu prüfen, wie ernst die Bewerbungen gemeint sind. Werden alle Bewerbungen zum Fachbereich durchgereicht, ist eine Überlastung garantiert. Durch One-Click-Bewerbungen wird viel Arbeit in die Personalabteilung verlagert, was aber durch moderne Tools wie die automatische Versendung von E-Mails und Sortierverfahren erleichtert werden kann.

Eine zunehmend häufig genutzte und meiner Meinung nach effektive Form der Bewerbung ist das Videoformat. Video-Bewerbungen ermöglichen es Bewerbenden, ihre Persönlichkeit und Fähigkeiten auf eine neue Art und Weise zu präsentieren. Anstelle des herkömmlichen schriftlichen Anschreibens erhalten Bewerbende die Möglichkeit, sich visuell per Video vorzustellen. Diese Methode eröffnet die Chance, Kreativität und Kommunikationsfähigkeiten aufzuzeigen, was besonders für die Generation Z attraktiv ist, die sich gerne in multimedialen Formaten ausdrückt.

Es ist jedoch anzumerken, dass dieser neue Ansatz im Bewerbungsprozess auch Anpassungen in den Hintergrundprozessen erfordert, um die Integration und die Bewertung von Videomaterial effizient zu gestalten. Mein Vorschlag ist die Nutzung von 60–120-Sekunden-Videos, in denen auf folgende Fragen eingegangen wird:

- Wer sind Sie und was zeichnet Sie aus, beispielsweise durch Hobbys oder besondere Erlebnisse?
- Wie stellen Sie sich die Position vor, für die Sie sich bewerben?

- Welche speziellen Fähigkeiten oder Erfahrungen bringen Sie mit, die für die Stelle relevant sind?
- Warum interessieren Sie sich besonders für eine Mitarbeit bei unserem Unternehmen?
- Welche Erwartungen haben Sie an uns als potenziellen Arbeitgeber?

Mobile Bewerbungsplattformen und Apps sind besonders auf Bewerbende zugeschnitten, die die Flexibilität schätzen, sich von überall aus bewerben zu können. Diese Tools ermöglichen es Bewerbenden, sich schnell und unkompliziert über ihre Smartphones zu präsentieren. Dieser Trend stellt Unternehmen vor die Herausforderung, ihre Bewerbungsprozesse zu überdenken und anzupassen, um die steigende Anzahl von Bewerbungen effizient zu verwalten und gleichzeitig eine positive Erfahrung für die Bewerbenden sicherzustellen (Candidate Experience).

4.4.1 Personalmarketing am Beispiel LinkedIn

LinkedIn hat sich zu einem der größten und bedeutsamsten beruflichen Netzwerke entwickelt. Laut eigenen Angaben sind auf der Plattform 830 Mio. Nutzende (2023) registriert. Im Folgenden möchte ich zwei Arten des LinkedIn-Marketings vorstellen:

- Bewerbung einer Person des Unternehmens, z. B. CEO als Markenbotschafter
- Bewerbung des Unternehmens bei LinkedIn

Persönliche LinkedIn-Accounts
In der aktuellen Landschaft des sozialen Marketings auf LinkedIn lässt sich eine faszinierende Entwicklung feststellen: den Aufstieg der sogenannten ‚LinkedIn-Influencer'. Doch nicht nur Influencer*innen prägen die Plattform, sondern auch vermehrt Führungskräfte, darunter CEOs und Vorstandsmitglieder von Unternehmen, die dort Präsenz zeigen. Besonders medienpräsente Influencer wie Carsten Maschmeyer (u. a. Höhle der Löwen) und Wladimir Klitschko (Pro Sieben) nehme ich bewusst aus dem Ranking heraus. Beide Personen haben knapp 500.000 Follower. Weitere Beispiele aus der Praxis sind (Stand März 2024):

- Herbert Diess (ehemals VW) – 300.000 Follower
- Dieter Zetsche (ehemals Daimler) – 240.000 Follower
- Cawa Younosi (ehemals SAP) – 100.000 Follower
- Joe Kaeser (ehemals Siemens) – 90.000 Follower
- Daniel Grieder (Hugo Boss) – 50.000 Follower
- Wayne Griffiths (Seat) – 45.000 Follower
- Harald Rosenberger (NÜRNBERGER Versicherung) – 13.000 Follower
- Vincent Warnery (Beiersdorf) – 12.000 Follower
- Daniel Krauss (Flixbus) – 11.000 Follower
- Andreas Schell (EnBW) – 8000 Follower
- Arne Freundt (Puma) – 6000 Follower

Warum aber haben CEOs eine so hohe Reichweite und in vielen Fällen oft mehr Follower als ganze Unternehmen? Die Antwort ist einfach: Menschen folgen anderen Menschen. Die Beiträge dieser Führungspersönlichkeiten bieten oft persönliche Einblicke, Visionen und Fachwissen, die Menschen ansprechen und inspirieren. Im Gegensatz dazu zeichnen sich Unternehmensprofile oft dadurch aus, dass dort allgemeinere oder werbeorientierte Inhalte geteilt werden.

Und was posten diese reichweitestarken CEOs? Ein Blick auf ihre Beiträge in zeigen einen Mix aus beruflichen Einblicken, zukunftsweisenden Ideen und auch persönlichen Interessen. Authentische Inhalte, die einen Blick hinter die Kulissen gewähren, sind der Schlüssel. Das Teilen privater, aber dennoch interessanter Einblicke in den Alltag schafft Nähe und Verbindung zu den Followern. Ein Bild sagt mehr als tausend Worte – solche visuellen Einblicke können das Image einer Marke oder eines CEOs maßgeblich beeinflussen.

Authentisches Personalmarketing ist von wesentlicher Bedeutung, da dadurch nicht nur Reichweite aufgebaut wird, sondern auch langfristig potenzielle Bewerbungen generiert werden können. Dabei reicht es nicht aus, einen oder zwei Beiträge zu posten. Bevor jemand eine Bewerbung verschickt, liest die Person in der Regel einige Zeit mit. Meine Erfahrung ist: ca. drei Monate bis zum ersten Like, sechs Monate bis zum ersten Kommentar und nach etwa einem Jahr entsteht möglicherweise eine Bindung, die stark genug ist für eine Bewerbung. Es braucht Zeit, aber die

Investition in solche persönlichen Beziehungen kann sich letztendlich auszahlen. Natürlich interagiert jede Person anders, aber die Durchschnittswerte sprechen für sich. Oft dienen schnelle Likes und Kommentare eher der Werbung für andere Unternehmen oder Freelancer, die ihre Leistung sichtbar machen wollen.

> Sie brauchen zur Umsetzung keine Marketingabteilung. Natürlich leistet sich der eine oder andere CEO sicherlich Angestellte, die sich darum kümmern, doch reichen für den Anfang die letzten fünf Selfies auf Ihrem Smartphone und ein geeigneter Text dazu. Zudem kann Ihnen ChatGPT bei der Formulierung helfen. Stellen Sie sich die Frage: Welches Bild verwende ich im Post und wie kann ich das mit dem Berufsleben in Verbindung bringen?

Um die Hintergründe besser zu verstehen, habe ich mich mit Harald Rosenberger von der NÜRNBERGER Versicherung unterhalten. Er selbst hat einen der reichweitestärksten Accounts in der Nürnberger Umgebung und ist seit April 2023 Vorstandsvorsitzender des Unternehmens. Er zeigt mit authentischen Selfies und professionellen Bildern private Eindrücke aus seinem Berufsleben sowie aus dem Alltag im Unternehmen (vgl. Abb. 4.5).

Ich habe im Zuge dieses Fachbuchs ein persönliches Gespräch mit Harald Rosenberger von der NÜRNBERGER Versicherung geführt und er gab mir spannende Einblicke in seine LinkedIn-Erfahrungen.

Harald selbst hat damit auch begonnen, sich ein professionelles Netzwerk zu Kund*innen, Experten*innen und Lieferant*innen aufzubauen. Speziell LinkedIn ist eine gute Möglichkeit, sich beruflich zu vernetzen. Dabei stellt sich für viele Menschen die Frage, welche Inhalte sie liefern sollen. Harald hat dazu eine klare Meinung: *„Meine Zielgruppe in meinem Job als Vorstand waren die Vermittler"* (Kund*innen des Unternehmens), weshalb er den Fokus darauf richtete, welche Inhalte diese Vermittler bevorzugen. Sein Ziel war zu Beginn *„Vermittlerthemen und vor allem auch Produktthemen sowie was wir machen und auch mich als Mensch, mich ein Stück [rüberzubringen]".* Im Laufe der Zeit hat sich sein Ziel erweitert: *„Und jetzt als CEO bin ich in einer anderen Rolle. Jetzt geht es natürlich auch weiterhin um unsere Vermittler und Kund*innen. Aber jetzt geht es*

Abb. 4.5 Ausgewählte Postings aus dem Profil auf LinkedIn von Harald Rosenberger. (Quelle: https://www.linkedin.com/in/harald-rosenberger/)

[zusätzlich auch um] alle Stakeholder." Besonders wichtig für Harald sind dabei die Mitarbeitenden des Unternehmens. Er betont, dass es besonders einfach ist, Mitarbeitende, aber auch Kund*innen auf LinkedIn mit inspirierenden Botschaften aber auch Neuigkeiten zum Unternehmen zu erreichen. Seine favorisierten Themen sind dabei: Leadership, HR, Mensch und Kultur. Obwohl viele Inhalte auf LinkedIn mittlerweile sehr privat sind, verzichtet Harald bewusst auf Themen wie Familie, da es sich um ein berufliches Netzwerk handelt. „[…] *wenn ich was Privates poste, habe ich die Erwartung an mich, dass das zumindest […] eine Übersetzung hat. Was bedeutet das im Berufsleben […]?"* Besonders mit

dieser Einstellung positioniert sich Harald als Gegenstück zu dem kritisierten ‚Bullshit Content' auf LinkedIn, wie das Magazin t3n 2022 titelte: „*Der Bullshit auf LinkedIn geht inzwischen so weit, dass Menschen sich selbst zum Geburtstag gratulieren und Kalenderweisheiten aus dem Urlaub vor ein paar Jahren teilen.*"

Gerade mit diesem Hintergrund betont Harald, dass Authentizität und Menschlichkeit für einen LinkedIn-Account essenziell sind „*[…] wenn man authentisch ist und wirklich schreibt, was man denkt, fühlt und hat und nicht die geilsten Erfolgsstories aus dem Universum [postet, die] einem eh keiner glaubt*". Am Ende kann Harald nur „*jeden ermutigen […] mitzumachen, weil viele haben Sorge, dass sie was teilen oder dass dann mit ihnen was passiert*". Er sieht LinkedIn einerseits als ein respektvolles und andererseits als wichtiges Netzwerk heute und in der Zukunft. Besonders durch den Fachkräftemangel wird sich diese Bedeutung verstärken. Harald fordert am Ende des Gesprächs auf, deutlich mehr auf LinkedIn zu posten, auch für die Stärkung der eigenen Marke: „*[Es ist] wichtig, dass […] Menschen, […] ihre Unternehmung vertreten, aber auch sich selber als Marke darstellen, weil das macht einfach jeden ein Stück wertvoller.*"

Ich möchte mich nochmals bei Harald für die tollen Einblicke bedanken!

Unternehmensaccounts

Nachdem wir umfangreich darüber diskutiert haben, wie eine Person in LinkedIn erfolgreich Reichweite aufbauen kann, erfordern Unternehmensaccounts eine andere Strategie. Abb. 4.6 zeigt zwei Posts der VEND Consulting GmbH aus Nürnberg. Das Unternehmen postet spannende Inhalte über die Geschehnisse im Unternehmen. Es wirkt, als wäre man selbst als lesende Person am Unternehmen beteiligt.

Interessierte Nutzende auf LinkedIn erhalten so einen Einblick in den Alltag beim Unternehmen, wobei die Informationen nicht auf bestimmte Personen fokussiert sind, wie beim privaten Account, sondern auf alle Mitarbeitenden des Unternehmens mit einer Mischung aus privaten Fotos, z. B. Selfies von einer Veranstaltung, und sympathisch aufbereiteten Fotos wie in Abb. 4.6. Ich habe mit den verantwortlichen Part-

64 D. Lindner

Abb. 4.6 LinkedIn-Posts der VEND Consulting GmbH aus Nürnberg. (Quelle: https://www.linkedin.com/company/vend-consulting-gmbh/)

ner Robert Lettau ein kurzes Gespräch geführt. Er skizziert einen kollektiven Ansatz für die LinkedIn-Seite des Unternehmens:

„Obwohl wir eine Social-Media-Managerin haben, wird von jedem Teammitglied das Thema LinkedIn aktiv mitgedacht. Vor allem ist die Social-Media-Managerin oft nicht selbst mit vor Ort und kann so nicht authentisch ein Posting verfassen. Die jeweiligen Kollegen*innen vor Ort entscheiden dann, was sie mit der Community teilen wollen und können so tiefere Einblicke in ihre Arbeit gewähren. Ich denke das macht viel aus und sorgt bei den Beiträgen dafür, dass man das Gefühl hat, man sei dabei".

Vielen Dank Robert für die großartigen Einblicke!

> Die Umsetzung von Marketing bei LinkedIn als Unternehmen erfolgt in ähnlicher Weise wie bei privaten Accounts, nur verteilt auf alle Personen des Unternehmens. Fröhliche und authentische Selfies von Veranstaltungen oder im Unternehmen, gemeinsame Fotos, die einen Blick hinter die Kulissen gewähren, sind Inhalte, die aktuell sehr gut ankommen.

4.4.2 Instagram, TikTok und Reels

In einer Welt, in der Zeit kostbar und die Aufmerksamkeitsspanne kurz ist, haben sich sogenannte Reels als neues Mittel etabliert, um Botschaften zu vermitteln und nicht nur die Generation Z anzusprechen. Schauen Sie sich beispielsweise in der Bahn um: überall konsumieren Menschen diese neuartigen Kurzvideos.

Durch Plattformen wie Instagram, TikTok und Reels hat sich die Methodik der sozialen Medien verändert, indem sie eine neue Ära des visuellen Storytellings einläuteten. Doch warum sind diese Kurzvideos so wirkungsvoll? Auch ich erlebe, dass mein Umfeld oft stundenlang ‚auf TikTok grinded' und selbst mir ist es passiert, dass mich solche Reels über eine Stunde eingenommen haben.

Reels sind so wirkungsvoll, weil sie in Sekunden eine Geschichte erzählen können und damit die knappe Aufmerksamkeitspanne der Neuzeit perfekt zu nutzen wissen. Ihr Unterhaltungswert durch Humor, Kreativität und Musik fesselt Menschen. Plattform-Algorithmen verstärken dieses Verhalten, indem sie ähnliche Inhalte vorschlagen. Zudem kann das schnelle Abspielen der Reels dazu führen, dass das Gehirn verstärkt Dopamin ausschüttet, was wiederum das Verlangen nach mehr Inhalten dieser Art steigert – eine Mischung, die Menschen für längere Zeit in ihren Bann zieht. Ob dies nun gut oder schlecht für unsere Gesellschaft ist, will ich in diesem Fachbuch nicht bewerten.

Für Unternehmen bedeutet dies, dass sie sinnvolle Inhalte produzieren sollten, die auf die Interessen und die Vorlieben ihrer Zielgruppe zugeschnitten sind. Erste Erfolge bei Unternehmen und größeren TikTok-Accounts sind bereits nachweisbar.

> **Meine Empfehlung für eine Vorgehensweise**
>
> Die Vorgehensweise ist simpel: Ein Ringlicht für gute Beleuchtung, ein Smartphone und die Konzentration auf die Produktion eines 40-sekündigen Videos pro Woche. Die Kombination aus informativen Videos und der Möglichkeit der One-Click-Bewerbung schafft eine attraktive Möglichkeit, die Aufmerksamkeit potenzieller Bewerbender zu gewinnen. Den Rest erledigt auf Dauer der Algorithmus, der durch Location, Like-Verhalten und weitere Daten mittlerweile sehr genau weiß, ob es sich bei einer Person um eine*n Handwerke*in, eine*n IT-Consultant usw. handelt.

Abb. 4.7 Reels von blu Professionals (worklikeblu) und Pexon Consulting (pexon_consulting) auf Instagram

Doch wie sieht ein erfolgreiches Reel konkret aus und welche Erfolge sind zu erwarten? In Abb. 4.7 zeige ich zwei gelungene Beispiele von Reels aus meinem Umfeld. Das erste Beispiel ist die blu Professionals GmbH: Dieser Account gehört einer Beratungsfirma für Projektmanagement, die Reels nutzt, um einen Einblick in ihren Büroalltag zu gewähren. Mit lustigen und authentischen Reels zeigt blu Professionals, dass sie nicht nur professionell arbeiten, sondern auch ein attraktiver Arbeitgeber sind. Durch die humorvolle Darstellung des Bürolebens schaffen sie eine Verbindung zu ihrem Publikum und präsentieren sich als ein Unternehmen, in dem Arbeit und Spaß Hand in Hand gehen. Um meine Annahmen zu untermauern, habe ich mit Mina Fehrić vom Unternehmen gesprochen. Sie erzählte mir, dass der Weg bis zu Reichweiten von 300.000 Personen lang gewesen ist, doch mittlerweile häufig als Rückmeldung von Bewerbenden kommt, dass sie sich über den Instagram-Account informieren und sich gut identifizieren können. Dies bestärkt die Entscheidung zur Bewerbung bei den blu Professsionals. Vielen Dank Mina für die spannenden Einblicke!

Die Pexon Consulting Gmbh ist ein Dienstleister für IT: Der Account ist auf sogenannte Tech-Reels spezialisiert. Hier werden komplexe Technologien wie Docker auf kurzweilige und kompakte Weise erklärt, wodurch eine technisch versierte Zielgruppe angesprochen wird. Die kurzen Clips ermöglichen es Pexon Consulting, komplexe Themen schnell zu vermitteln und Inhalte auf eine Weise zu präsentieren, die für ihr Publikum ansprechend ist. Auch hier fühlen sich technisch versierte und potenzielle IT-Consultants angesprochen. Zum besseren Verständnis habe ich mit Gründer Paul Niebler gesprochen. Er bestätigt, dass der starke Fokus auf technischen Inhalten hilft, eine Zielgruppe aufzubauen, die potenzielle Kandidat*innen für das Unternehmen umfasst. Laut Paul Niebler ist der Account von wesentlichem Nutzen, um sich im hart umkämpften Markt um IT-Spezialist*innen einen Namen zu verschaffen und der diese bei einen Jobwechsel auch bestärkt, sich bei Pexon Consulting zu bewerben. Vielen Dank Paul für den Blick hinter die Kulissen!

Beides sind gute Beispiele für die konkrete Umsetzung von Reels im Personalmarketing, um technische Informationen zu vermitteln und gleichzeitig das Unternehmensimage sowie dessen Know-how auf eine humorvolle und authentische Weise zu präsentieren.

4.4.3 Fallstudie: Recruiting und KI

Im Folgenden wird zur Zusammenfassung des Kapitels eine Fallstudie zur Verwendung von Reels und LinkedIn sowie KI im Recruiting besprochen. Die Umsetzung meiner Fallstudie wurde mit großer Ähnlichkeit auf der Plattform LinkedIn angekündigt. Es handelt sich um das Feature LinkedIn Auto Recruiter (LinkedIn 2023).

Zu betonen ist hier, dass die nachfolgende Darstellung einer Anwendung von KI im Recruiting nicht unbedingt den ethischen Standards entspricht, die in diesem Bereich gelten sollten. Dieses Beispiel soll in erster Linie verdeutlichen, welche Möglichkeiten sich mit KI bieten und wie sich das Recruiting durch aktuelle gesellschaftliche Trends wie die Great Resignation verändert. Die Täuschung von Bewerbenden durch KI ist jedoch als inakzeptabel zu beurteilen und widerspricht grundlegenden ethischen Richtlinien.

Unternehmen
Ein IT-Dienstleistungsunternehmen strebt nach einer schnellen und kostengünstigen Rekrutierung von Fachkräften. Es sucht nach Consultants und setzt KI ein, um potenzielle Bewerbende anzusprechen.

Schritt 1: Erstellung von KI-generierten Profilen
Das Unternehmen nutzt KI, um realistisch aussehende Bilder von Personen zu erstellen. Dabei wird ein Bild einer Frau generiert, die zuvor als Softwareentwicklerin tätig war und nun im HR-Bereich arbeitet. Ebenso wird das Profil eines Mannes erstellt, der einen ähnlichen Lebenslauf hat. Diese KI-generierten Profile sollen authentisch und wie eine Person ‚von nebenan' wirken.

Schritt 2: Erstellung von Social-Media-Accounts und Kontaktaufnahme
Für die KI-generierten Profile werden LinkedIn- und Instagram-Accounts angelegt. Die Profile beginnen, potenzielle Bewerbende über Nachrichten auf den Plattformen anzusprechen. Ein Algorithmus steuert die Kontaktaufnahme, indem Bewerbende in Intervallen von zwei Tagen, einer Woche, vier Wochen, drei Monaten, sechs Monaten und zwölf Monaten kontaktiert werden. Dies geschieht, um eine höhere Antwortrate zu erzielen. Laut Statistiken antworten auf LinkedIn Personen erst nach der fünften Nachricht. Es gibt dazu fünf vorgefertigte Chat-Nachrichten. Sollte ein*e Kandidat*in antworten, übernimmt eine Person aus der HR die Kommunikation. Beispiele dafür sind:

- Erste Nachricht (Tag 0): „Hey [Name]! Ich bin [Ihr Name] und Teil des genialen Teams bei [Unternehmensname]. Dein Profil und deine Arbeit im Bereich [Bereich] haben uns echt beeindruckt. Lust, mehr über die Möglichkeiten bei uns zu erfahren?"
- Zweite Nachricht (Tag 2): „Hi [Name]! Hoffe, deine Woche rockt bislang! Wollte sicherstellen, dass du unsere letzte Nachricht gesehen hast. Dein Fachwissen interessiert uns mega, wir würden total gerne deine Sichtweise kennenlernen."
- Dritte Nachricht (1 Woche später): „Hey [Name]! Wir wissen, dass du wahrscheinlich busy bist. Aber wir würden uns total freuen, wenn du dir Zeit nehmen könntest, um über die Chancen bei [Unternehmensname] zu quatschen. Dein Input wäre mega wertvoll für uns."
- Vierte Nachricht (4 Wochen später): „Hi [Name]! Es ist 'ne Weile her seit unserem letzten Chat. Wir sind immer noch total begeistert von deinem Profil und würden uns riesig freuen, wenn du mit uns in Kontakt trittst, um mehr über potenzielle Karrierewege zu erfahren."
- Fünfte Nachricht (3 Monate später): „Hey [Name]! Bisher leider keine Rückmeldung von dir, aber wir sind immer noch mega interessiert, deine berufliche Reise zu besprechen. Falls du Zeit hast, lass es uns wissen. Deine Expertise ist uns echt wichtig!"

Schritt 3: Automatisiertes Interagieren und Bewerben

Die KI-generierten Profile fügen täglich neue relevante Personen hinzu und posten automatisch Beiträge. Diese Beiträge werden mithilfe von Chat-Generierungstools erstellt, und die KI-Bilder werden verwendet, um Authentizität zu vermitteln. So gibt es einen Post eines KI-Charakters mit einem Bild am Strand und einer Zeile, dass neben harter Arbeit auch Urlaub wichtig ist, oder einem Statement aus dem Berufsalltag. Ein solcher Post wird in Abb. 4.8 gezeigt. Die jeweiligen Accounts chatten weiterhin mit den potenziellen Kandidaten*innen.

Schritt 4: Einladung zu Tech-Interviews und Vorstellungsgesprächen

Die LinkedIn- und Instagram-Konversationen zielen darauf ab, die angesprochenen Personen zu einer One-Click-Bewerbung zu bewegen. Ist

Abb. 4.8 Beispiels eines LinkedIn-Posts zur Weiterbildung. (Bildquelle: Pixabay 2023, eigene Abbildung und frei erfundenes Profil)

diese erfolgt, wird sie von einer KI auf rudimentäre Kriterien überprüft und danach ergeht eine Einladung zu einem Tech-Interview.

Dieses wird über das Telefon mit einer realen Person aus dem HR-Bereich geführt, wobei standardisierte Fragen zu beantworten sind, wie:

- Erklären Sie den Unterschied zwischen Continuous Integration und Continuous Deployment.
- Welche Tools verwenden Sie für Konfigurationsmanagement und warum?
- Wie würden Sie sicherstellen, dass ein System sicher und compliant ist, während es kontinuierlich aktualisiert wird?

Die Aussagen werden anhand von Antwortschablonen ausgewertet, was auch automatisiert erfolgen kann.

Schritt 5: Weiterleitung an den Fachbereich und reguläre Bewerbungsgespräche
Nach Auswertung der Fragebögen erhalten die Fachbereiche die Antworten aus dem Tech-Interview und entscheiden, ob ein reguläres Bewerbungsgespräch folgt. Die Fachbereiche haben in diesem Fall auch Zugriff auf den Tech-Fragebogen.

Ergebnisse
Durch die Verwendung von KI hat das Unternehmen die Möglichkeit, in großem Umfang Bewerbende zu kontaktieren und die Daten kostengünstig auszuwerten. Allerdings erscheint dieses Vorgehen hinsichtlich der Transparenz ethisch fragwürdig, wobei davon auszugehen ist, dass Ehrlichkeit und wertschätzende Behandlung von Bewerbenden bald zum Standard werden. So ist es von grundlegender Bedeutung, dass die KI in einem ethisch vertretbaren Rahmen eingesetzt wird, in dem die Rechte und der Respekt gegenüber den Bewerbenden gewahrt wird. Dennoch gilt es, sich auch auf neue Trends wie ‚Bewerbung auf Verdacht' und ‚Bewerbung aus Lust und Laune' einzustellen.

Erfahrungswerte
Am Ende möchte ich aufgrund von Erfahrungswerten zeigen, dass eine solche KI vor allem bei einer großen Menge an notwendigen Kandidaten*innen helfen kann. Es gibt keine offiziellen Statistiken, aber ich habe Erfahrungswerte aus verschiedenen Unternehmen genutzt, um einen Funnel (dt. Trichter/Tunnel) aufzubauen.

- Sie schreiben 450 Personen auf LinkedIn an. Die durchschnittliche Antwortquote beträgt 20 %.
- Von den 90 antwortenden Personen bewerben sich 30, also 30 %, per One-Click-Bewerbung.
- Sie laden 10 Bewerbende zu einem Gespräch ein, also 33 % Prozent.
- Sie stellen abschließend 1 Person ein, das sind 10 %.

4.5 Moderne Benefits für Fachkräfte

Für 7 von 10 Personen sind laut einer Studie von Michael Page (2023) unter 70.000 befragten Fachkräften, Mental Health und Work-Life-Balance wichtiger als Erfolg im Job. Zudem sind 61 % der befragten Fachkräfte bereit, eine Beförderung abzulehnen, wenn sie glauben, dass dieser Schritt sich negativ auf ihr Wohlbefinden auswirken wird. Auch wenn diese Haltung primär mit der Generation Z verbunden wird, zeichnet sie sich mittlerweile als globaler gesellschaftlicher Trend ab. Mental Health bezieht sich auf den Zustand des emotionalen, psychischen und sozialen Wohlbefindens einer Person. Es betrifft, wie wir denken, fühlen, handeln und mit Stress umgehen. Eine gute mentale Gesundheit bedeutet nicht nur, dass keine psychischen Erkrankungen vorliegen, sondern auch die Fähigkeit, mit den Herausforderungen des Lebens umzugehen, produktiv zu sein, positiv zu denken und gesunde Beziehungen zu pflegen (abgeleitet von WHO 2023).

> Teilzeit ist das neue Homeoffice – während vor einigen Jahren ohne ausreichendes Homeoffice-Angebot für viele Fachkräfte, besonders der Generation Y, ein solches Angebot ausschlaggebend für die Berufswahl war, sind es nun Teilzeit-Angebote, Work-Life-Balance und Mental Health (besonders Generation Z). Mental Health schließt dabei die Vermittlung von Anerkennung und Wertschätzung sowie Arbeitszufriedenheit ein.

In der heutigen Arbeitswelt stehen Unternehmen vor großen Herausforderungen bei der Schaffung einer Kultur, die Work-Life-Balance und flexible Arbeitsmodelle fördert. Dabei ist zu betonen, dass die geforderte Work-Life-Balance nicht mit der Vorstellung der Generation Y verwechselt werden sollte. Der neue Trend strebt nicht zwangsläufig danach, Karriere und Job miteinander zu verschmelzen, indem beispielsweise Arbeit nach 22 Uhr ermöglicht wird. Vielmehr geht es darum, eine Möglichkeit zu schaffen, regulär von 9 bis 17 Uhr zu arbeiten und gegebenenfalls auch um 13 oder 15 Uhr Feierabend machen zu können.

Eine ausgewogene Work-Life-Balance bedeutet, Mitarbeitenden die Möglichkeit zu geben, während der regulären Arbeitszeiten effektiv und produktiv zu arbeiten. Gleichzeitig sollten sie die Flexibilität haben, ihre Arbeitszeiten anzupassen oder Auszeiten zu nehmen, um persönlichen Verpflichtungen gerecht zu werden. Das schließt das Arbeiten außerhalb der Kernarbeitszeiten nicht zwangsläufig aus, doch es sollte nicht zur Regel werden oder als selbstverständlich angesehen werden.

> In vielen deutschen Unternehmen sind häufig Aussagen zu hören wie ‚Teilzeit ist bei uns nicht möglich – unter 24 h pro Woche funktioniert es aufgrund umfangreicher Meetingzeiten nicht und unsere Stellen sind grundsätzlich auf 40 h ausgelegt'. Dabei ist es entscheidend, dass Unternehmen entsprechende Voraussetzungen schaffen, um Teilzeitarbeit zu ermöglichen.

Die sinnvolle Umsetzung von Teilzeitbeschäftigung erfordert eine präzise Spezifizierung von Aufgaben, um die Arbeitsabläufe planbarer zu gestalten. Mir geht es besonders darum, dass der Spagat zwischen Teilzeit und wirtschaftlichem Erfolg für das Unternehmen gewahrt wird.

Indem Aufgaben in klar abgrenzbare Einheiten strukturiert werden, können Mitarbeitende effizienter arbeiten. Wenn jemand beispielsweise 24 h pro Woche arbeitet, sollte die Arbeitslast so organisiert sein, dass sie innerhalb dieser Stunden angemessen bewältigt werden kann. Zudem sollten Meetingzeiten auf maximal vier Stunden begrenzt sein und idealerweise sollte die Person eine Liste von Aufgaben jede Woche ohne umfangreiche Kommunikation bearbeiten können.

Bei einer 32-Stunden-Woche – eine der gängigsten Teilzeitformen – besteht bereits mehr Spielraum. Hier könnte eine empfohlene wöchentliche Aufteilung wie folgt aussehen:

- 16 h für planbare, wertschöpfende Routinearbeit mit geringem Kommunikationsbedarf
- 4 h für Abstimmungen mit Führungskräften und dem unmittelbaren Team
- 8 h für kreative Arbeit an innovativen Projekten
- 2 h für die Optimierung und Verbesserung der eigenen Arbeit
- 2 h für die persönliche Weiterentwicklung

Dieses System kann entsprechend der Arbeitszeit für Teilzeitkräfte angepasst werden. Eine Person mit 20 h pro Woche kann beispielsweise 16 h wertschöpfende Arbeit für das Unternehmen leisten und vier Stunden für Meetings aufwenden. Bei dieser geringen Arbeitszeit ist die Realisierung von Entwicklungs- oder Innovationsprojekten oft herausfordernd, dennoch sollten dafür monatlich zwei bis drei Stunden investiert werden. Ab einer Arbeitszeit von 28 h pro Woche eröffnen sich jedoch bereits Möglichkeiten für kreative und innovative Projekte.

Es ist generell sinnvoll, für derartige Teilzeitpositionen in Unternehmen einen Standard für effiziente, kommunikationsarme und wertschöpfende Arbeitsabläufe zu etablieren. Eine solche Aufteilung kann Mitarbeitenden dabei helfen, sich zu organisieren, bei Führungskräften um Verständnis für die Einführung zu werben und die Effizienz in der Umsetzung zu gewährleisten.

> Die Reduzierung von Meetings stellt einen entscheidenden Aspekt dar, der häufig unterschätzt wird. Anstatt viele Stunden in Meetings zu verbringen, sollten diese gezielt genutzt werden, um wesentliche Informationen auszutauschen oder Entscheidungen zu treffen. Durch die Strukturierung der Arbeitslast in messbare und erreichbare Ziele wird eine Umgebung geschaffen, in der Mitarbeitende ihre Aufgaben fokussiert bearbeiten können.

Während Teilzeit als eine Möglichkeit zur Förderung der Work-Life-Balance und damit zur Verbesserung des mentalen Wohlbefindens betrachtet werden kann, bleibt das übergeordnete Thema dennoch Mental Health. Mental Health bezieht sich auf den Zustand des emotionalen, psychischen und sozialen Wohlbefindens einer Person. Es betrifft, wie wir denken, fühlen, handeln, mit Stress umgehen, Entscheidungen treffen und mit anderen interagieren. Ein guter mentaler Gesundheitszustand führt meist zu Optimismus, emotionaler Ausgeglichenheit und einem Gefühl des Wohlbefindens (abgeleitet von WHO 2023). In der Arbeitswelt hat das Thema Mental Health in den vergangenen Jahren an Relevanz gewonnen, nachdem nachgewiesen wurde, dass es einen direkten Einfluss auf die Arbeitsleistung, die Teamdynamik und die allgemeine Unternehmenskultur hat. Mental Health hat nicht nur mit einer positiven Unternehmenskultur, sondern auch mit dem Umfeld zu tun – so können in Zeiten von Krisen und Unsicherheit und bei Spannungen im Privatleben Angebote von Seiten des Arbeitgebers, beispielsweise zur Ernährung, Achtsamkeitsseminare oder Hilfe für junge Eltern eine Unterstützung darstellen. Schließlich führen Probleme im Privatleben in der Regel zu einer verschlechterten Arbeitsleistung. Da es neben der körperlichen auch die geistige Gesundheit zu unterstützen gilt, werden im nächsten Kap. 5 Empfehlungen zur Führungskultur gegeben.

> Mental Health ist mittlerweile als relevantes Thema in der Gesellschaft angekommen. Helfen Sie Mitarbeitenden durch Unterstützung zum Thema Ernährung, durch Achtsamkeitsseminare, Kinderbetreuung, Homeofficeangebote, klare Pausenzeiten und eine moderne Führungskultur, die im nächsten Abschnitt erklärt wird.

4.6 Fazit

In diesem Kapitel wurde der Fachkräftemangel analysiert, basierend auf einem Vergleich der aktuellen Situation 2024 mit der von 2015. Es zeigt sich, dass der Mangel in einigen Sektoren zurückgegangen ist, aber weiterhin in vielen Bereichen besteht, insbesondere in Bezug auf die leitenden Positionen. Eine Lösung hierfür liegt im Diversity-Management, durch das eine offene und tolerante Arbeitsumgebung für Menschen unterschiedlicher Herkunft und mit verschiedenen Merkmalen geschaffen werden kann.

Ein weiterer Faktor ist die Generation Z, die mittlerweile ebenfalls in den Arbeitsmarkt eingetreten ist. Diese Generation fordert eine stärkere Trennung von Arbeits- und Privatleben, sucht mehr nach Sicherheit, fühlt sich jedoch dem Arbeitgeber weniger verbunden als vorangehende Generationen.

Darüber hinaus wurden in diesem Kapitel moderne Recruiting-Maßnahmen vorgestellt, die auf die veränderten Ansprüche jener Fachkräfte eingehen, die häufiger den Job wechseln und weniger bindungsbereit sind. Beispiele sind One-Click-Bewerbungen, Video- und mobile Bewerbungsformate. Die Bedeutung von Social Media, insbesondere von Plattformen wie LinkedIn und die Nutzung von Reels in Instagram und TikTok, wurde hervorgehoben. In einer Fallstudie wurde der Einsatz dieser Technologien illustriert, wobei hinsichtlich des KI-Einsatzes noch ethische Fragen bestehen.

Literatur

Bitkom (2023). Der Arbeitsmarkt für IT-Fachkräfte. https://www.bitkom.org/sites/main/files/2022-11/Bitkom-Charts%20IT-Fachkräfte%2016%2011%202022_final.pdf. abgerufen am 03.12.2023

Bundesagentur für Arbeit (2023). Der BA-X Index. https://statistik.arbeitsagentur.de/Statistikdaten/Detail/201504/arbeitsmarktberichte/bax-ba-x-d-0-201504-pdf.pdf?__blob=publicationFile&v=1. abgerufen am 03.12.2023

IAB (2023). Aktuelle Ergebnisse. https://iab.de/das-iab/befragungen/iab-stellenerhebung/aktuelle-ergebnisse/. abgerufen am 03.12.2023

IFM (2023). Diversity Management in Unternehmen einführen. https://ifm-business.de/aktuelles/business-news/diversity-management-im-unternehmen-einfuehren.html. abgerufen am 03.12.2023

IHK München (2023). Recruiting der Generationen Y und Z. https://www.ihk-muenchen.de/de/Service/fachkraefte-sichern/Recruiting-Generation-Y-und-Z/. abgerufen am 03.12.2023

Indeed (2023). Vorteil Vielfalt. https://de.indeed.com/lead/diversity-recruiting-report-2023. abgerufen am 03.12.2023

Hays (2023). Fachkräfte Index. https://www.hays.de/personaldienstleistung-aktuell/fachkraefte-index-branchenuebergreifend. abgerufen am 03.12.2023

LinkedIn (2023). Auto Recruiter. https://business.linkedin.com/de-de/talent-solutions/recruiter. abgerufen am 27.12.2023

Michael Page (2023). Talent Trends. https://www.michaelpage.de/neuigkeiten-studien/marktstudien/talent-trends. abgerufen am 03.12.2023

Pixabay (2023). Bildquelle. https://pixabay.com/de/photos/unternehmer-anfang-mann-planung-593358/. abgerufen am 03.12.2023

Pixabay (2023). Bildquelle. https://pixabay.com/de/photos/unternehmer-anfang-mann-planung-593371/. abgerufen am 03.12.2023

t3n (2022). Bullshit-Postings auf Linkedin: Sie servieren, was du bestellst!. https://t3n.de/news/bullshit-postings-linkedin-flex-1467437/. abgerufen am 03.12.2023

U-Form Testsysteme (2023). Azubis Recruiting Trends. https://www.testsysteme.de/studie. abgerufen am 03.12.2023

WHO (2023). Mental health. https://www.who.int/news-room/fact-sheets/detail/mental-health-strengthening-our-response. abgerufen am 03.12.2023

5

Moderne Führungsansätze

Führungskräfte sind heute mit einer Vielzahl von Herausforderungen konfrontiert: Krieg in Europa, Inflation, Post-Corona-Blues und anderes belasten Mitarbeitende in deutschen Unternehmen und erschweren die Planung für Unternehmen deutlich.

Diese Krisen fordern Führungskräfte auf höchstem Niveau heraus: Die Sicherstellung der wirtschaftlichen Stabilität steht an erster Stelle, während sie gleichzeitig durch die Unsicherheit navigieren müssen. Auf den ersten Punkt wurde bereits in Kap. 3 eingegangen. Im vorliegenden Kapitel geht es um das Führen von Menschen in Zeiten der Unsicherheit.

> Besonders die aktuelle Verunsicherung in der Gesellschaft ist der Grund, aus dem viele Schlagzeilen in Kap. 2 das Thema des ‚Patriarchen' behandeln und nach einer autoritären Führung fragen. Doch diese Orientierung an überholten Mustern ist keine Lösung – vielmehr gilt es, Mitarbeitende durch die Krise zu begleiten. Dieser Aspekt ist Gegenstand der nachfolgenden Abschnitte, in dem abschließend auch auf den modernen Ansatzpunkt der Steigerung der eigenen Konsequenz eingegangen wird.

5.1 Studien zu Unsicherheit bei Mitarbeitenden

In Zeiten von anhaltender Unsicherheit und vielfältiger Krisen stellen die Menschen häufig eine verstärkte Neigung zu Selbstzweifeln und Verunsicherung fest. Der Druck durch diverse Stressfaktoren erhöht sich und die Bewältigung dieser Herausforderungen erweist sich als zunehmend belastend. Unter solchen anspruchsvollen Bedingungen kann die Rolle von Führungskräften von entscheidender Bedeutung sein.

Ich bin schon lange überzeugt, dass Unternehmen über interne Programme zur psychologischen Unterstützung nachdenken sollten. Laut dem Netzwerk für Psychotherapeuten müssen Menschen derzeit im Durchschnitt fünf Monate auf eine Therapiesitzung warten. Parallel dazu können Führungskräfte unterstützend beitragen, indem sie eine neue Führungskultur etablieren, die den Mitarbeitenden Sicherheit und Unterstützung bietet.

Die allgemeine Verunsicherung, ausgelöst durch gesamtgesellschaftliche Krisen wie die COVID-19-Pandemie, der Ukrainekrieg, die Inflation und andere belastende Ereignisse, führt zu einem bedauerlichen Anstieg psychischer Erkrankungen. Dies geht auch aus der Abb. 5.1 hervor: Menschen, die unter dauerhaftem Stress leiden, sind im Durchschnitt

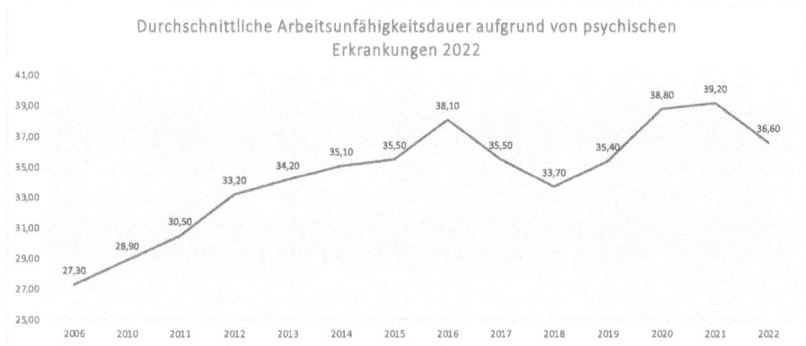

Abb. 5.1 Durchschnittliche Arbeitsunfähigkeitsdauer aufgrund von psychischen Erkrankungen 2022 (pro Jahr) – DAK-Gesundheitsreports (DAK 2023). (Eigene Abbildung mit Daten Reports)

36,6 Tage im Jahr im Krankenstand. Dabei fällt besonders die steigende Tendenz der letzten Jahre auf.

Das Thema Mental Health wurde in der Gesellschaft und in Unternehmen lange kaum beachtet. Das zeigt sich auch in der Aussage des Frontmanns der Band ‚Echt', Kim Frank, in der Doku „Echt – unsere Jugend": „Ich glaub nicht, dass ich damals wusste, was das Wort ‚Depression' wirklich bedeutet. ‚Mental Health' war zu der Zeit kaum Thema. Wer einen Psychologen brauchte, hatte sich nicht im Griff" (Quelle NDR 2023).

Unsicherheit und Stress haben besonders seit den Jahren 2020 konstant zugenommen. Dies zeigt sich in Abb. 5.2. Gründe für einen Jobwechsel sind oft Unsicherheit, Stress und unterdrückte Wut.

Ein bedeutender Teil der Führungskultur besteht in einer neuen Fähigkeit von Führungskräften: der Unterstützung, durch die Menschen die Unsicherheit genommen und aufgebaute oder unterdrückte Wut im Job ausgeglichen wird. Je nach Bedürfnis und Bereitschaft der Person sollen private Faktoren – auf freiwilliger Basis – mit Führungskräften diskutiert werden können. Besonders in meinem Alltag erlebe ich ein sehr offenes Team. Bei Trennungen, Todesfällen, privaten Rechtsfällen und Unsicherheit in Finanzfragen helfe ich gerne weiter. Dabei gilt es, neben der Förderung der Mental Health, auch Unsicherheit in Sicherheit zu verwandeln und negative Denkmuster aufzulösen.

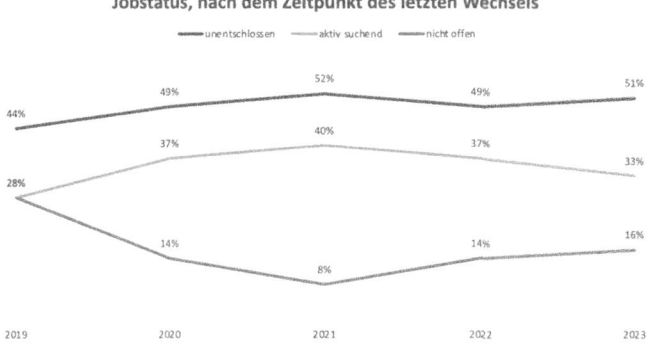

Abb. 5.2 Jobstatus, nach dem Zeitpunkt des letzten Wechsels. (Quelle: Michael Page 2023 und eigene Abbildung)

5.2 Führung in Zeiten der Unsicherheit

Zur Umsetzung möchte ich ein Modell empfehlen, das ich mir aus systemischen Fragen und Methoden aus der Psychologie wie der Kognitiven Verhaltenstherapie (KVT) abgeleitet und in der Praxis erprobt habe. Die zugrunde liegenden Ansätze wurden auch in der Ausgabe vom Harvard Business Manager (November 2023: Wir müssen reden – Was tun, wenn Arbeit krank macht) als eine neue, relevante Methodik für Führungskräfte diskutiert. Die befragten Expert*innen stellen in diesem Kontext fest, dass New Work auch mit zunehmenden psychischen Erkrankungen einhergeht. Dieser Umstand hat mich dazu bewegt, meine eigene Methodik in dieses Fachbuch aufzunehmen.

> *„Führungskräfte sind keine Therapeuten, dürfen bei psychischen Krisen ihrer Mitarbeitenden aber unterstützen, wenn Sie gewisse Grenzen wahren."* (Hannes Zacher im Harvard Business Manager November 2023)

Meine Methode ist eine Mischung aus systemischen Fragen und Ansätzen aus der kognitiven Verhaltenstherapie. Ich bin selbst kein Therapeut und habe mir die Ansätze angelesen sowie auch mit Expertinnen und Experten gesprochen. Dadurch habe ich für meine Zwecke eine in der Praxis anwendbare Methodik entwickelt. Systematische Fragen sind strukturierte Fragen, die in der Regel offen gestellt werden, um Informationen zu sammeln, tiefer gehendes Verständnis zu erlangen oder Probleme zu lösen. Diese Art von Fragen zielt darauf ab, systematisch oder methodisch Informationen zu erfassen, indem sie auf klare und gezielte Weise gestellt werden (abgeleitet aus Business Wissen 2023). Die Kognitive Verhaltenstherapie ist eine bewährte Methode zur Bewältigung von negativen Denkmustern und zur Förderung positiver Veränderungen im Verhalten (Gesundheitsinformation.de 2023).

> Ich möchte an dieser Stelle noch einmal darauf hinweisen, dass diese Methodik Führungskräften im Alltag helfen kann, sie aber kein Ersatz für eine ernstzunehmende und professionelle Therapie ist, wenn bei Mitarbeitenden wirklich schwerwiegende Probleme oder Krankheiten auftreten. Meine Methodik ist geeignet für den Einsatz bei leichten bis mittleren Alltagsproblemen. Ich habe selbst nicht Psychologie studiert und keine Erfahrung mit professionellen Behandlungsmethoden, sondern habe mir eine eigene Methodik für die Praxis abgeleitet. Ich hatte selbst lange keine Verwendung für systemische Fragen und hielt diese sogar für esoterischen Schnick-Schnack. In den vergangenen zwei Jahren habe ich jedoch auf dieser Basis einen praktischen Ansatz entwickelt, der sich von den gängigen Vorgehensweisen aus den Lehrbüchern unterscheidet.

Diese wende ich generell in 1-zu-1-Gesprächen an, wobei es drei Ausprägungen gibt, die ich jeweils mit einem Beispiel untermauern möchte:

* Allgemeine systemische Fragen für ein allgemeines 1-zu-1-Gespräch (Identifikation von Unsicherheiten),
* Systemische Fragen für ein konkretes Problem eines Mitarbeitenden (Lösung von Unsicherheiten),
* KVT zur Lösung negativer Gedankenmuster („Alles ist doof") – (Lösung von Denkmustern).

5.2.1 Identifikation von Unsicherheiten

Der erste Ansatz ist einfach im typischen 1-zu-1-Gespräch anzuwenden. Oftmals besteht bei Mitarbeitenden ein versteckter Frust, dessen sie sich selbst nicht bewusst sind oder über den sie aus Angst, Scham oder sonstigen Gründen nicht sprechen möchten. Dazu stelle ich zehn Fragen. Die ersten fünf Fragen haben dabei einen positiven Charakter und heben die Erfolge hervor, während die anderen fünf Fragen speziell auf Frustrationspunkte abzielen. Es empfiehlt sich, nicht zu viele negative Fragen zu stellen, wenn Sie nicht das Gefühl haben, dass es einen Grund für Frustration gibt. Mit einer ausreichenden Zahl von Fragen werden sie immer etwas finden.

- Wie würdest du deine größte Motivation bei der Arbeit oder in dieser Woche beschreiben? Gibt es etwas, das dich besonders antreibt oder inspiriert?
- Was hat dich in letzter Zeit besonders motiviert oder erfreut bei der Arbeit?
- Könntest du von einem Teamerfolg oder einer positiven Zusammenarbeit berichten, der oder die dich besonders stolz gemacht hat?
- Welche neuen Möglichkeiten oder Projekte hast du in letzter Zeit entdeckt, die dein Interesse geweckt haben?
- Was ist dein Wochenhighlight? Egal ob privat oder im Berufsalltag!
- Welche Aspekte deiner Arbeit bereiten dir momentan die größten Schwierigkeiten? Gibt es Herausforderungen, über die du sprechen möchtest?
- Könntest du mir von einer Situation erzählen, die dich in letzter Zeit frustriert hat? Gibt es etwas, das dich daran hindert, dein volles Potenzial auszuschöpfen?
- Wie siehst du deine aktuellen Entwicklungsmöglichkeiten im Unternehmen? Gibt es Bereiche, in denen du gerne wachsen oder dich weiterentwickeln möchtest?
- Hast du das Gefühl, dass deine Ideen und Vorschläge ausreichend Gehör finden? Gibt es Bereiche, in denen du gerne mehr Einfluss hättest?
- Gibt es etwas, das du gerne ansprechen würdest, wozu du aber bisher nicht die Gelegenheit hattest? Irgendetwas, das du gerne teilen würdest?

Diese Fragen können dazu beitragen, Einblicke in die täglichen Herausforderungen, Prioritäten und Erfolge der Mitarbeitenden zu gewinnen. Mir als Führungskraft bietet sich zudem die Möglichkeit, über verschiedene Aspekte der Arbeit zu sprechen und gegebenenfalls verborgene Frustrationen oder Schwierigkeiten zu erkennen, die die Mitarbeitenden möglicherweise von sich aus nicht ansprechen würden.

> Ich habe speziell für alle Leserinnen und Leser des Fachbuchs auf ‚https://fragen.agile-unternehmen.de' eine lange Liste an systemischen Fragen zusammengetragen.

5.2.2 Lösung von Unsicherheiten

Bei dem zweiten Ansatz geht es darum, wie damit umgegangen wird, wenn der Mitarbeitende mit einem Problem kommt oder aber Sie selbst ein Problem identifizieren. Das System basiert auf folgendem Prinzip:

- **Problemanalyse:** Was ist konkret das Problem?
- **Perspektivwechsel:** Wie könnte man das Problem von anderen Seiten betrachten und wie sehe ich das Problem?
- **Fragen stellen:** Systemische Fragen stellen
- **Zuhören und zusammenfassen:** Wertschätzung und Verständnis schaffen bspw. durch aktives Zusammenfassen des Dialogs
- **Aktionsplan:** Frust vermeiden durch einen Aktionsplan, der darstellt, wie wir das Problem durch Maßnahmen minimieren können

> Die meisten Manager*innen tendieren dazu, sich praktisch und handlungsorientiert zu verhalten, sind also sogenannte ‚Praktiker*innen'. Dabei ist es oftmals kontraproduktiv, unmittelbar mit Lösungsvorschlägen zu reagieren, anstatt erst zuzuhören. Wenn Sie Menschen Raum geben, zu sprechen, bietet sich für diese eine Möglichkeit zur Weiterentwicklung, und beim nächsten ähnlichen Problem kann die Person besser reagieren.

Im Folgenden gebe ich für die einzelnen Schritte eine Erklärung mit Beispielen für systemische Fragen. In der Praxis stellen Sie pro Kategorie zwei, maximal drei Fragen. So kann eine Iteration in 30 bis 60 min in Form eines klassischen Jour fixe durchgeführt werden. Wie erwähnt finden Leserinnen und Leser des Fachbuchs auf ‚https://fragen.agile-unternehmen.de' eine umfangreiche Liste an systemischen Fragen.

Problemanalyse (Dauer 5–10 min)
Zuerst identifiziere ich das Problem oder das Muster, das ich lösen möchte. Dabei gilt es sicherzustellen, dass ich klar verstehe, was ein Mitarbeitender möchte und die Auswirkungen z. B. von Arbeitsanweisungen auf das Gesamtsystem erkennt. Ziel ist es, Häufigkeiten und Muster zu

erkennen sowie die Auswirkungen des Problems und darüber hinaus bisherige Lösungsversuche bzw. Daten und Beispiele zu erfragen. Dazu sind Fragen geeignet wie:

- Wie wirkt sich das Problem aus?
- Gibt es bekannte ähnliche Probleme aus der Vergangenheit, die mit diesem in Verbindung stehen könnten?
- Kannst du bestimmte Faktoren identifizieren, die zu diesem Problem führen könnten?
- Wann und wie tritt das Problem auf?
- Wie beeinflusst dieses Problem deine Arbeit oder den Projektfortschritt?
- Kannst du konkrete Beispiele oder Situationen nennen, in denen das Problem besonders deutlich wurde?
- Gibt es Daten oder Berichte, die das Problem unterstützen oder dokumentieren?

Ziel: Sie haben das Problem verstanden und wissen, ob es überhaupt ein Problem oder ein Denkmuster ist. Sie sorgen dafür, dass die Person und Sie sich des Problems bewusst werden und nicht aneinander vorbeireden.

Perspektivenwechsel (Dauer 5–10 min)
Nun betrachte ich das Problem aus verschiedenen Blickwinkeln. Wir stellen uns vor, wie verschiedene Personen oder Faktoren im System das Problem wahrnehmen könnten. Hier erfrage ich gezielt, wie andere Personen darüber denken könnten und das Problem lösen würden. Dazu stelle ich folgende Fragen:

- Wie könnten andere Teammitglieder dieses Problem wahrnehmen?
- Wie würden unsere Kund*innen dieses Problem sehen? Welche Auswirkungen hat es auf dich?
- Welche unterschiedlichen Ansichten könnten verschiedene Teams oder Abteilungen zu diesem Problem haben?
- Welche langfristigen Auswirkungen könnte das Problem auf das Unternehmen oder das Projekt haben?
- Wie würden Personen außerhalb des Unternehmens (Experten*innen, Branchenkollegen*innen) dieses Problem betrachten?

- Wie könnten externe Stakeholder (wie Lieferant*innen, Partner usw.) das Problem betrachten?

Ziel: In diesem Schritt helfen Sie der Person, Denkmuster loszulassen und sich für alternative Lösungen oder Denkweisen zu öffnen: Besteht das Problem vielleicht nur aus eigener Sicht?

Fragen stellen (10–20 min)
Im Folgenden stelle ich offene und explorative Fragen, die nicht nur oberflächliche Antworten erfordern. Fragen wie ‚Warum?' oder ‚Wie hängt das zusammen?' können helfen, die tieferen Ursachen oder Zusammenhänge zu verstehen. Beispielhafte Fragen sind:

- Warum tritt dieses Problem genau in dieser Form auf?
- Gibt es Wechselwirkungen zwischen verschiedenen Faktoren, die dieses Problem verstärken könnten?
- Kannst du das Ausmaß oder die Skala dieses Problems einschätzen?
- Gibt es andere Probleme oder Herausforderungen im Unternehmen, die mit diesem Problem in Verbindung stehen könnten?
- Wie hängt dieses Problem mit anderen internen Abläufen oder Projekten zusammen?
- Gibt es ähnliche Probleme in der Vergangenheit, deren Lösungen hier angewendet werden könnten?
- Hast du Gedanken oder Ideen über mögliche Lösungsansätze für dieses Problem?

Ziel: Nun haben Sie das Problem vollständig verstanden, neue Perspektiven eröffnet und in diesem Schritt gründlich reflektiert. Nun gilt es, die Zielgerade einzuschlagen!

Zuhören und Zusammenfassen (5–10 min)
Ich höre aktiv zu, wenn Antworten auf systemische Fragen gegeben werden, und versuche, die verschiedenen Antworten oder Perspektiven zu synthetisieren, um ein umfassenderes Verständnis zu erlangen. Dabei nutze ich Sätze wie:

- Habe ich korrekt verstanden, …
- Ich habe verstanden, …
- Ich fasse zusammen, …
- Ich merkte, dass dich folgendes bedrückt, …
- Ein wesentlicher Faktor scheint zu sein, …

Ziel: Sie signalisieren Wertschätzung und sorgen dafür, dass sowohl Sie als auch der Mitarbeitende ein gemeinsames Verständnis des Problems entwickelt haben. Sie werden feststellen, dass Personen das Problem oft gar nicht vollumfänglich beschreiben können.

Aktionsplan (5–10 min)
Basierend auf den gewonnenen Erkenntnissen wird ein Aktionsplan entwickelt. In diesem Rahmen sind spezifische Veränderungen zu identifizieren, die vorgenommen werden müssen, um das Problem anzugehen. Dazu verwende ich Sätze und Fragen wie:

- Was, denkst du, sollten wir tun?
- Was schlägst du vor?
- Was kann ich tun, um dich zu unterstützen?
- Ich schlage vor, …
- Wollen wir das so festhalten?
- Zum Abschluss frage ich, wie zufrieden die Person mit den Maßnahmen ist.

Ziel: Aussichtslosigkeit erzeugt wachsenden Frust. In diesem Fall bleibt das Problem zwar bestehen, aber es gibt konkrete Maßnahmen, die einen Ausweg aus dem Problem anzeigen.

Ich habe speziell für alle Leserinnen und Leser des Fachbuchs auf ‚https://fragen.agile-unternehmen.de' eine lange Liste an systemischen Fragen zusammengetragen.

Fallbeispiel: 1-zu-1-Gespräch mit Anna
Zum besseren Verständnis schildere ich hier ein Beispiel aus meiner Erfahrung als Teamleiter. Mein Name wird bewusst genannt, während der Name der mitarbeitenden Person als ‚Anna' anonymisiert ist.

Ausgangssituation
Während ihres regelmäßigen 1:1-Meetings mit Anna eröffnet Dominic die Diskussion und stellt unter anderem folgende Frage:

- Welche Aspekte deiner Arbeit bereiten dir momentan die größten Schwierigkeiten?

Anna verweist in ihrer Antwort nach kurzem Überlegen auf Entscheidungen im Projekt, die sie aber zögert, zu treffen, weil sie sich unsicher fühlt.
Dominic erkennt das Problem und wechselt sofort in die Systematik, um das Problem zu beleuchten.

Problemanalyse
Dominic stellt Anna nun einige Fragen zum besseren Verständnis des Problems:

- Wie äußert sich das Problem?
- Welche Gefühle hast du, wenn eine Entscheidung bevorsteht?
- Was ist dir wichtig an einer guten Entscheidung?
- Woran machst du eine gute Entscheidung fest?

Mit der letzten Frage fällt der Groschen. Anna beschreibt, dass sie im aktuellen Projekt Unsicherheit verspürt, da sie viele Entscheidungen treffen muss, aber zögert, diese zu fällen. Sie begründet das damit, dass es ihr wichtig ist, dass alle zufrieden sind, während sie zugleich weiß, dass sie mit ihren Entscheidungen nicht allen gerecht werden kann.

Perspektivenwechsel
Dominic fragt nun, wie verschiedene Personen oder Faktoren im System Annas Herausforderung wahrnehmen könnten:

- Wie könnten die Projektmitarbeitenden das Problem der Unsicherheit bei Entscheidungen wahrnehmen?
- Wie könnten die Stakeholder das Problem der Unsicherheit bei Entscheidungen betrachten?

Die Projektmitarbeitenden könnten das Problem kritisch sehen, da die Unsicherheit bei Entscheidungen zu Verzögerungen im Projektfortschritt führen kann. Sie könnten besorgt sein, dass die Blockade bei Entscheidungen den Workflow beeinträchtigt und potenziell das Team und die Zielerreichung behindert. Das könnte wiederum die Stakeholder beunruhigen, da gegebenenfalls festgelegte Meilensteine nicht rechtzeitig erreicht werden, was sich in möglichen Bedenken hinsichtlich der Effizienz und des Erfolgs des Projekts niederschlägt.

Fragen stellen
Dominic stellt weiterführende Fragen, um die tieferen Ursachen von Annas Unsicherheit zu verstehen:

- Warum fühlst du dich unsicher bei diesen Entscheidungen?
- Gibt es bestimmte Kriterien oder Werte, die du berücksichtigen möchtest, aber Schwierigkeiten hast, umzusetzen?
- Hast du Ideen, wie du die Situation verbessern könntest, ohne dass es zu großen Unstimmigkeiten kommt?

Anna erkennt, dass ihr Wunsch, dass alle zufrieden sind, möglicherweise zu ihrer Unsicherheit bei Entscheidungen führt und dass dies die Effektivität ihres Teams beeinträchtigen kann. Dominic hilft Anna, die tieferen Ursachen ihrer Unsicherheit zu reflektieren und mögliche Lösungsansätze zu identifizieren.

Zusammenfassung
Dominic fasst zusammen: Das Hauptproblem besteht darin, dass Anna Unsicherheit empfindet, Entscheidungen im Projekt zu treffen, da sie sicherstellen möchte, dass alle zufrieden sind, aber sie erkennt, dass sie mit ihren Entscheidungen nicht allen gerecht werden kann. Diese Unsicherheit beeinträchtigt die Effektivität ihres Teams und den Projektablauf, was zu Verzögerungen führen kann.

Aktionsplan
Nach der eingehenden Diskussion vereinbaren Dominic und Anna drei konkrete Maßnahmen, die Anna bis zum nächsten 1:1-Meeting ausprobieren wird, um mit ihrer Unsicherheit bei Entscheidungen umzugehen:

- **Entscheidungskriterien festlegen**: Anna wird klare Kriterien entwickeln, die sie bei der Entscheidungsfindung berücksichtigen kann. Sie wird überlegen, welche Faktoren für das Projekt und das Team am wichtigsten sind.
- **Kommunikation der Entscheidungsprozesse**: Anna wird offen mit ihrem Team über ihre Unsicherheit bezüglich der Entscheidungen sprechen. Sie wird erklären, dass sie bestrebt ist, die besten Entscheidungen zu treffen, und sie wird die Zusammenarbeit bei der Entscheidungsfindung fördern.
- **Testen von Entscheidungen in kleinen Schritten**: Anna wird versuchen, Entscheidungen in kleinerem Rahmen zu treffen und deren Auswirkungen zu beobachten, bevor sie größere Schritte unternimmt. So kann sie Erfahrungen sammeln und ihr Vertrauen in ihre Entscheidungsfähigkeit stärken.

Nach der Festlegung dieser Maßnahmen geht Anna mit Zuversicht aus dem Gespräch. Sie fühlt sich ermutigt, konkrete Schritte zu unternehmen, um ihre Unsicherheit bei Entscheidungen zu überwinden und positive Veränderungen im Projekt anzustoßen.

5.2.3 Lösung von negativen Denkmustern

Nun kommen wir zum letzten Ansatz, der dazu dient, sich von negativen Gedankenmustern zu lösen, und der angewandt wird, wenn eine Person besonders unzufrieden im Unternehmen ist. Dabei besteht das Ziel nicht darin, Probleme mit dieser Methode einfach wegzuwischen, da diese vielmehr gelöst werden sollten.

Doch sie hilft dabei, Probleme, die auf Basis eigener Gedanken erzeugt werden, zu lösen und zu verhindern, dass Mitarbeitende ‚fertig mit dem Unternehmen sind' und es mit schlechtem Gefühl verlassen. Sie basiert auf der Idee, dass unsere Gedanken, Gefühle und Verhaltensweisen miteinander verbunden sind. Indem man negative Gedankenmuster identifiziert und diese in Frage stellt, können positive Veränderungen im Denken und im Handeln herbeigeführt werden.

Die Methodik ähnelt der ersten Vorgehensweise, wobei in den mittleren Teilen einige Unterschiede bestehen, die ich im Folgenden aufzeigen und an einem Beispiel verdeutlichen möchte.

- Problemerfassung
- Identifikation negativer Gedankenmuster
- Hinterfragen und Umstrukturierung
- Erprobung neuer Verhaltensweisen und Gedanken
- Nachfragen

Schritt 1 besteht wie oben in der **Problemerfassung**. Anschließend werden im zweiten Schritt der Problemstellung entsprechende **negative Denkmuster** des Mitarbeitenden identifiziert. Ähnlich wie beim Perspektivenwechsel könnte man hier sagen, dass verschiedene Gedankenmuster untersucht werden, die dem Mitarbeitenden möglicherweise nicht bewusst sind. Fragen zu diesem Schritt sind:

- Gibt es wiederkehrende Gedanken oder Glaubenssätze, die in solchen Situationen auftreten?
- Welche Annahmen oder Überzeugungen hast du über dich selbst, deine Arbeit oder das Unternehmen?
- Fällt es dir schwer, positive Aspekte in schwierigen Situationen zu sehen?

Beispiele für solche Gedankenmuster sind:

- **Übergeneralisierung**: Man denkt, dass die eigenen Ideen immer ignoriert werden, ohne dass man konkrete Beispiele dafür hat.
- **Katastrophisierung**: Man neigt dazu, das Problem zu überbewerten und denkt, dass die eigenen Ideen nie Anerkennung finden werden, was die Motivation beeinträchtigt.
- **Persönliche Abwertung**: Man denkt, dass man nicht gut genug ist oder dass der Wert für das Unternehmen gering geschätzt wird.

Im dritten Schritt der Problemlösung zielt die KVT darauf ab, **Gedanken zu hinterfragen** und sie durch realistischere oder adaptive Denkmuster zu ersetzen. Das ähnelt dem Prozess des Stellens offener Fragen, um die zugrunde liegenden Ursachen oder Muster zu verstehen. Beispiele sind:

- Gibt es Beweise oder alternative Sichtweisen, die diesen Gedanken widersprechen könnten?
- Welche positiven oder konstruktiven Gedanken könntest du in ähnlichen Situationen haben?
- Woran machst du fest, dass niemand hilft?
- Wie müsste der perfekte Tag im Unternehmen aussehen?
- Wie wünscht du es dir?

Ähnlich dem Entwickeln eines Aktionsplans, in dem konkrete Schritte zur Lösung des Problems skizziert werden, beinhaltet die KVT das **Erproben neuer Verhaltensweisen und Gedanken**. Stellen Sie beispielsweise folgende Fragen und legen Sie wie in der Methodik vorher beschrieben gezielte Maßnahmen fest:

- Welche neuen Denkmuster könnten hilfreich sein, um mit solchen Situationen umzugehen?
- Wie könntest du deine Sichtweise auf die Situation ändern, um positivere Ergebnisse zu erzielen?
- Welche Handlungen oder Verhaltensweisen könntest du ausprobieren, um die Unzufriedenheit zu verringern?

Lassen Sie dann am Ende nicht locker und **fragen Sie regelmäßig nach, ob sich die Sichtweise verbessert hat**. Dies ist der letzte Schritt.

Fallstudie: Andreas, ein Mitarbeiter in einer krisengeprägten Zeit
Ich möchte im Folgenden ein weiteres Beispiel aus meiner Berufslaufbahn geben. Ich verwende wieder meinen Namen und Andreas ist ein fiktiver Mitarbeiter. Dieser, grundsätzlich engagiert, zeigt sich bei seinem 1:1-Meeting mit dem Teamleiter Dominic wütend. Er äußert seinen Frust: „Das Unternehmen schätzt meine Arbeit nicht, und es scheint, als ob alle mein Projekt sabotieren wollen."

Dominic erkennt, dass Andreas unter starken negativen Gedanken leidet und entscheidet sich, die KVT anzuwenden, um ihn bei der Bewältigung seiner Unzufriedenheit zu unterstützen.

Schritt 1: Problemerfassung
Dominic beginnt mit der Problemerfassung und erkundigt sich nach den spezifischen Situationen, die Andreas frustrieren. Er stellt fest, dass Andreas überzeugt ist, dass niemand seine Arbeit schätzt und sein Projekt absichtlich behindert wird. In diesem Fall ist es leicht, das Problem zu identifizieren, weil Andreas konkret benennt, was ihn stört.

Schritt 2: Identifikation negativer Gedankenmuster
Dominic stellt Fragen, um negative Denkmuster zu identifizieren. Das erfolgt größtenteils anhand der oben aufgeführten Fragestellungen. Andreas gibt an, das Gefühl zu haben, dass seine Arbeit im Unternehmen nicht geschätzt wird und dass alle anderen seine Bemühungen für sein Projekt sabotieren wollen. Zudem kommt es ihm vor, als würden seine Ideen nicht ausreichend anerkannt und seine Beiträge für das Unternehmen als unzureichend betrachtet. Zusätzlich erklärt er, dass es für ihn in schwierigen Situationen herausfordernd ist, positive Aspekte zu erkennen, da er das Gefühl hat, gegen Widerstände anzukämpfen.

Schritt 3: Hinterfragen und Umstrukturierung
Dominic hinterfragt diese Gedanken und versucht, sie durch realistischere Sichtweisen zu ersetzen. Dazu nimmt er wiederum die oben genannten Fragen zu Hilfe.

Schritt 4: Erprobung neuer Verhaltensweisen und Gedanken
Dominic ermutigt Andreas, neue Denkmuster zu entwickeln und Handlungsweisen auszuprobieren, um die Unzufriedenheit zu verringern:

Andreas erkennt, dass es Momente gab, in denen einige Kollegen*innen seine Arbeit geschätzt haben könnten, was eine alternative Sichtweise zu seinen negativen Gedanken darstellt. Diese Einsicht macht ihm deutlich, dass seine Überzeugungen möglicherweise nicht universell gültig sind, sondern dass es vielmehr positive Momente gab, die er bisher nicht ausreichend beachtet hat. Beide Gesprächsteilnehmer legen folgende Maßnahmen fest:

- **Kurze Notizen über positive Momente anlegen:** Andreas wird täglich kurze Notizen über positive Momente oder Momente der Anerkennung für seine Arbeit oder Ideen anfertigen, um sie nach zwei Wochen mit Dominic zu besprechen und so bewusster auf diese Ereignisse zu achten.
- **Direktes Gespräch mit Kollegen*innen suchen:** Andreas wird gezielt Gespräche mit Kollegen*innen führen, um direktes Feedback über seine Arbeit und Ideen einzuholen und zuverlässigere Einblicke in die Wahrnehmung seiner Leistungen zu erhalten.

Schritt 5: Nachfragen
Dominic schließt den Prozess ab, indem er regelmäßig nachfragt, ob sich Andreas aktuell besser fühlt und ob die angewendeten Techniken hilfreich waren.

> Ich habe speziell für alle Leserinnen und Leser des Fachbuchs auf ‚https://fragen.agile-unternehmen.de' eine lange Liste an systemischen Fragen zusammengetragen.

5.3 Konsequenz in der Führung

In einer Zeit, die durch Verunsicherung und sich wandelnde Dynamiken geprägt ist, zeigt sich eine auffällige Nachfrage nach autoritären Führungspersönlichkeiten und patriarchalen Managementstilen. Die Antwort auf die zunehmende Unsicherheit in der Welt ist der Ruf nach sogenannten ‚Machern', die mit einer starken Hand und Entschlossenheit agieren.

Dieser Wunsch nach klarer Führung und schnellen Lösungen in turbulenten Zeiten ist verständlich. Autoritäre Ansätze scheinen oft kurzfristig eine gewisse Stabilität zu bieten. Jedoch birgt dieses Verlangen nach Autorität auch seine Schattenseiten. Besonders bei starker Autorität entwickeln wir eine Mentalität weniger mitzudenken und uns damit nicht zielgerichtet selbst weiterzuentwickeln.

Zugleich liegt die Frage nach der Entwicklung eines nachhaltigen, modernen Führungsstils nahe. Ein solcher Ansatz mag eine vorübergehende Sicherheit bieten, doch er markiert einen Rückschritt in Bezug auf die vielschichtigen Ansprüche an eine zeitgemäße Führung. In dieser Diskussion bleibt die entscheidende Frage zunächst unbeantwortet: Wie können Führungskräfte konstruktiv ihre eigene Konsequenz stärken, ohne in autoritäre Muster zu verfallen?

Das Wort ‚Konsequenz' ist oft negativ behaftet, indem es mit der Vorstellung von Starrheit, Unnachgiebigkeit und einem Mangel an Flexibilität verbunden wird. Doch tatsächlich ist Konsequenz mehr als eine rigide Handlungsweise. Konsequenz ist im Wesentlichen die Fähigkeit, konsequent zu sein, indem klare Regeln, Prinzipien und Handlungsweisen eingehalten werden. Es erfordert eine bewusste Ausrichtung auf bestimmte Ziele oder Werte, um eine beständige Handlungsführung zu gewährleisten. Im Kern bedeutet Konsequenz, einen klaren Kurs beizubehalten, ohne sich von äußeren Einflüssen ablenken zu lassen.

> Konsequenz erfordert klare Regeln. Diese dienen nicht nur als Richtlinien, sondern auch als Grundlage für eine gerechte und vorhersehbare Handlungsweise. Wenn Regeln oder Standards festgelegt sind, entsteht ein Rahmen, der allen Beteiligten Klarheit und Sicherheit bietet. Dadurch wird es möglich, Entscheidungen auf Basis eines vordefinierten Rahmens zu treffen, was Konsistenz und Gerechtigkeit fördert. Besonders in Zeiten der Krise legen Führungskräfte vermehrt willkürliche Verhaltensweisen zutage und ändern ihre Entscheidungen täglich. Das hat mit Konsequenz nicht zu tun.

Konsequentes Handeln ist nicht nur eine Frage der Beständigkeit, sondern auch der Verlässlichkeit. Wenn eine Person oder Organisation konsequent handelt, fördert sie ihre Vertrauenswürdigkeit. Dieses Vertrauen entsteht aus der Zuverlässigkeit, dass Versprechen gehalten und Erwartungen erfüllt werden.

5 Moderne Führungsansätze

> In der Praxis bedeutet konsequentes Handeln, nicht nur zu sagen, was man tut, sondern auch zu tun, was man sagt. Es geht um die Umsetzung von Absichtserklärungen in konkrete Handlungen, wodurch letztendlich Vertrauen und Glaubwürdigkeit geschaffen werden.

Konsequenz sollte daher nicht nur als ein starres Beharren auf festgelegten Regeln betrachtet werden. Es ist vielmehr eine Fähigkeit, klare Regeln und Prioritäten zu definieren, um konsequent und fokussiert in Richtung bestimmter Ziele zu handeln. Es ist eine Qualität, die nicht nur Stabilität ermöglicht, sondern auch Vertrauen und Zuverlässigkeit fördert.

Beispiele für mangelnde Konsequenz sind:

- **Unpünktlichkeit**: Eine Führungskraft, die selbst regelmäßig zu spät zu Meetings erscheint, signalisiert, dass Pünktlichkeit keine Priorität hat und die festgelegten Zeitpläne nicht respektiert werden müssen.
- **Inkonsistente Regelanwendung**: Wenn eine Führungsperson Regeln und Standards je nach Stimmung oder Situation unterschiedlich anwendet, entsteht Verwirrung im Team. Das gilt beispielsweise für die nachsichtige Behandlung bestimmter Mitarbeitender bei Regelverstößen, während andere dafür sanktioniert werden.
- **Fehlende Konsequenz bei Leistungsbeurteilungen**: Wenn die Führungskraft gute Leistungen nicht angemessen anerkennt oder schlechte Leistungen nicht konsequent anspricht und Maßnahmen ergreift, kann dies zu Frustration und Ungleichbehandlung im Team führen.
- **Uneindeutige Kommunikation von Zielen und Erwartungen**: Eine Führungskraft, die unklar oder widersprüchlich darüber kommuniziert, welche Ziele und Erwartungen sie für das Team hat, bewirkt Verwirrung und Verunsicherung bei den Mitarbeitenden.
- **Nichteinhalten von Versprechungen**: Wenn eine Führungskraft Versprechungen macht, diese aber nicht einhält, sei es bezüglich Belohnungen, Beförderungen oder Veränderungen, untergräbt das die Glaubwürdigkeit und das Vertrauen im Team.

Zur Umsetzung möchte ich nun einige Empfehlungen aus meiner täglichen Praxis geben.

Konsequenz ist nicht immer gleich Strafe
Konsequente Führung bedeutet nicht, Strafen zu verteilen und sich härter zu zeigen. Es geht auch darum, eine Entscheidung klar zu kommunizieren und diese nicht zu relativieren, also beispielsweise eine Begründung zu geben, warum diese Entscheidung getroffen wurde. Lernen Sie in diesem Fall, bewusst auch ‚Nein' zu sagen, z. B. bei einer Urlaubssperre.

Machen Sie Schluss mit Ausnahmen
Überprüfen Sie, welche konkreten Erwartungen Sie an ihr Team haben. Schauen Sie, in welchen Fällen diese Erwartungen ignoriert werden und gehen Sie diese Situationen aktiv an. Ein gutes Beispiel ist die Pünktlichkeit bei Meetings.

Klarheit gibt dem Team Sicherheit
Wenn Sie sich an ihre eigenen Worte halten und diese auch klar kommunizieren, dann sorgen Sie für Sicherheit im Team. Man erkennt sie als Mensch, der oder die Prinzipien hat und diese auch umsetzt. Sie werden für ihre Mitarbeitenden als Führungskraft durch ihre Positionierung deutlicher erkennbar.

Konsequenz ist Fokus
Zwei Faktoren sind als entscheidend hervorzuheben: erstens die gezielte Konzentration auf wenige, aber klare Regeln, die konsequent befolgt werden müssen. Weniger Regeln erleichtern nicht nur die Einhaltung, sondern ermöglichen auch, dass die zentralen Leitlinien grundlegend verinnerlicht werden. Zweitens sollte der Fokus daraufgelegt werden, bedeutende Aspekte nicht zu vernachlässigen, um sicherzustellen, dass essenzielle Themen und Ziele nicht im Tumult des Alltags untergehen. Es geht darum, diese stets im Auge zu behalten und sie nicht ‚schleifen zu lassen'.

Konsequenz auch für Sie
Es reicht nicht aus, dass nur ihre Mitarbeitenden konsequent sind. Sie müssen ihre eigenen Entscheidungen auch selbst umsetzen. Hier gilt wie-

der das Beispiel der Pünktlichkeit bei Meetings: Was Sie von Ihren Mitarbeitenden erwarten, sollten sie als Vorbild selbst verinnerlichen.

Umsetzung in Stufen
Wenn jemand in Ihrem Team nicht den Anweisungen folgt, ist eine konsequente Vorgehensweise entscheidend. Beginnen Sie mit einer klaren und ruhigen Kommunikation Ihrer Erwartungen. Versuchen Sie die Gründe für das Verhalten zu verstehen und ermutigen Sie Ihr Gegenüber zur Offenheit. Bestätigen Sie erneut und unmissverständlich Ihre Erwartungen und definieren Sie eindeutige Konsequenzen, wenn diese weiterhin nicht erfüllt werden. Bieten Sie Unterstützung an und geben Sie regelmäßiges Feedback. Falls das Problem bestehen bleibt, kann eine Verschärfung der Konsequenzen erforderlich sein – von formellen Warnungen bis hin zu disziplinarischen Maßnahmen. Der Schlüssel liegt in einer ausgewogenen Herangehensweise: klar kommunizieren, unterstützen, aber auch klare Grenzen setzen und Konsequenzen verdeutlichen.

Fallstudie: Konsequentes Vorgehen bei verspätetem Erscheinen zu Meetings
Zur Umsetzung meiner praktischen Empfehlungen soll folgende Fallstudie dienen. Ich nehme wieder Bezug auf das Beispiel der Unpünktlichkeit im Meeting. Anhand von verschiedenen Stufen wird deutlich, wie eine konsequente Durchsetzung der Entscheidung aussehen kann – bis hin zur höchsten Stufe, der Abmahnung.

In einem Team, das sich regelmäßig zu Besprechungen trifft, hat ein Mitarbeitender häufig Schwierigkeiten, pünktlich zu erscheinen. Trotz wiederholter Erinnerungen und einer klaren Agenda für die Meetings kommt der Mitarbeitende konstant zu spät.
Die Führungskraft entscheidet sich für eine schrittweise Herangehensweise, um das Problem anzugehen:

- **Klare Kommunikation**: Die Führungskraft spricht in einem Einzelgespräch mit dem Mitarbeitenden über die Bedeutung von Pünktlichkeit und erklärt, wie die Verspätungen die Teamdynamik beeinflussen. Sie betont, dass die Erwartung besteht, dass alle Teilnehmenden pünktlich erscheinen.

- **Verständnis zeigen**: Sie erkundigt sich nach möglichen Hindernissen oder Gründen für die Verspätungen. Der Mitarbeitende erklärt, dass es Schwierigkeiten gibt, rechtzeitig von einem anderen Termin zu kommen.
- **Erneute Bestätigung der Erwartungen**: Die Führungskraft klärt erneut über die Wichtigkeit von Pünktlichkeit auf und ermutigt den Mitarbeitenden, Lösungen zu finden, um rechtzeitig zu Meetings zu kommen.
- **Konsequenzen klarmachen**: Da der Mitarbeitende weiterhin zu spät kommt, setzt die Führungskraft klare Konsequenzen fest. Sie erklärt, dass ein wiederholt verspätetes Erscheinen zu formellen Verwarnungen führen kann, die in die Mitarbeitendenakte aufgenommen werden.
- **Unterstützung anbieten**: Die Führungskraft bietet an, dem Mitarbeitenden bei der Priorisierung seiner Termine zu helfen und alternative Lösungen zu finden, damit er pünktlich zu den Meetings erscheinen kann.
- **Regelmäßiges Feedback**: Sie gibt regelmäßig Feedback und lobt, wenn der Mitarbeitende pünktlich erscheint, während sie ihn gleichzeitig an die Konsequenzen erinnert, wenn er zu spät kommt.
- **Steigerung der Konsequenzen**: Nach mehrmaligen Verspätungen trotz vorheriger Gespräche und Unterstützung spricht die Führungskraft eine formelle Abmahnung aus und führt konkrete Maßnahmen gemäß den Unternehmensrichtlinien durch.
- **Kündigung**: Nach einer zweimaligen Abmahnung zum gleichen Thema ist es nach deutschem Gesetz möglich, einen Mitarbeitenden zu kündigen. Diese Maßnahme ist in diesem Fall notwendig, um auch dem Team zu zeigen, dass die Entscheidungen mit der notwendigen Konsequenz durchgesetzt werden.

5.4 Fazit

In diesem Kapitel wurde die aktuelle Lage in Deutschland kurz reflektiert, wobei festgestellt wurde, dass die jüngsten politischen und wirtschaftlichen Entwicklungen bei den Menschen zu verstärkter Unsicherheit geführt haben. Wie in Kap. 2 angedeutet, resultiert daraus der

Ruf nach Konsequenz und einer autoritären Führung, was jedoch eher als Rückschritt zu werten ist. Führung selbst ist wie ein Werkzeugkoffer und es gilt, verschiedene Werkzeuge gezielt einzusetzen. In diesem Kapitel wurde ein weiteres Werkzeug für diesen Koffer vorgestellt: der Einbezug von psychologischen und systemischen Ansätzen in die eigene Führung, die dabei helfen, Mitarbeitende durch schwierige Phasen und Zeiten der Unsicherheit zu begleiten. Die Darstellung wird abgerundet durch Empfehlungen, wie die eigene Konsequenz in der Führung gesteigert werden. Besonders die Herstellung einer konstruktiven Konsequenz ermöglicht es den Mitarbeitenden, Sicherheit und Struktur zu gewinnen. Dabei äußert sich Konsequenz nicht nur in Härte und Strafe, sondern vielmehr in einer konstruktiven und klaren Kommunikation von Entscheidungen und deren Durchsetzung.

Literatur

Business Wissen (2023). Systemisches Fragen. https://www.business-wissen.de/hb/beispiele-fuer-systemische-fragen/. abgerufen am 19.12.2023

DAK (2023). DAK-Gesundheitsreport 2023. https://www.dak.de/dak/download/dak-gesundheitsreport-2023-ebook-pdf-2615822.pdf/. abgerufen am 19.12.2023

Deutsches Psychotherapeuten Netzwerk (2023). Was kann ich tun, wenn ich keinen Therapieplatz bekomme?. https://dpnw.de/keinen_therapieplatz. abgerufen am 19.12.2023

Gesundheitsinformation (2023). Kognitive Verhaltenstherapie. https://www.gesundheitsinformation.de/kognitive-verhaltenstherapie.html. abgerufen am 19.12.2023

Michael Page (2023). Talent Trends 2023. https://www.michaelpage.de/neuigkeiten-studien/marktstudien/talent-trends. abgerufen am 19.12.2023

NDR (2023). RD-Doku: Flensburger Band Echt veröffentlicht emotionale Zeitreise. https://www.ndr.de/nachrichten/schleswig-holstein/ARD-Doku-Flensburger-Band-Echt-veroeffentlicht-emotionale-Zeitreise,rezension128.html. abgerufen am 19.12.2023

6

KI in Unternehmen

Künstliche Intelligenz, kurz KI, ist seit der Einführung von ChatGPT im November 2022 eines der Top-Themen in der deutschen Wirtschaft, das mittlerweile auch immer mehr Bereiche des Privatlebens betrifft. Künstliche Intelligenz nutzt Computer und Maschinen, um die Problemlösungs- und Entscheidungsfähigkeiten des menschlichen Verstands nachzuahmen (Quelle: IBM 2023). Typische Einsatzgebiete sind die Texterstellung oder das autonome Fahren.

Aus einer Studie des bayrischen Instituts für digitale Transformation (BIDT 2023) geht hervor, dass die Bevölkerung in Deutschland im internationalen Vergleich (3000 befragte Personen) dem Einsatz von KI vergleichsweise skeptisch gegenübersteht. Darüber hinaus lässt sich der Studie entnehmen, dass in der Bevölkerung zwar kein umfassendes Wissen über KI vorhanden ist, gleichzeitig aber viele Menschen in Deutschland befürchten, dass der deutsche Wirtschaftsstandort im Bereich KI abgehängt werden könnte. Leider nimmt beispielsweise unsere wichtige deutsche Automobilindustrie im Vergleich zu anderen Ländern keine Spitzenposition im Bereich KI ein.

Um das Thema im Kontext von Unternehmen besser zu verstehen, werden in diesem Kapitel wissenschaftliche Erkenntnisse zur KI diskutiert und anschließend Beispiele für die Etablierung von KI in Unternehmen erläutert.

> In der Entwicklung und der Anwendung von KI ist es von entscheidender Bedeutung, dass ethische Grundsätze berücksichtigt werden und verantwortungsbewusst gehandelt wird. Ein ethisch sinnvoller Einsatz von KI erfordert nicht nur technologische Kompetenz, sondern auch die Achtung der Privatsphäre und der Sicherheit von persönlichen Daten.

6.1 Was ist KI?

Generell lässt sich zwischen starker und schwacher KI differenzieren (Abb. 6.1). Starke KI (auch als künstliche allgemeine Intelligenz bekannt) und schwache KI (meist nur einzelne Anwendungen, zum Beispiel Fotogenerator) unterscheiden sich in ihrem Grad der Intelligenz und ihrer Fähigkeit, verschiedene Aufgaben zu bewältigen (Lindner 2024). Aus meiner Erfahrung kann ich sagen, dass die meisten Unternehmen aktuell meist schwache KI als Hilfe im Arbeitsalltag erproben.

Schwache KI ist in vielen praktischen Anwendungen bereits weit verbreitet, zum Beispiel in Spracherkennungssystemen, Chatbots oder Bilderkennungsalgorithmen. Solche schwache KI wird von verschiedenen Anbietern entwickelt, um spezifische Aufgaben oder Anwendungen zu

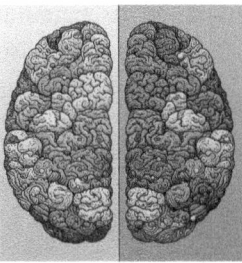

Schwache KI bezieht sich auf Systeme, die auf bestimmte Aufgaben oder Anwendungsgebiete spezialisiert sind. Diese Art von KI ist darauf ausgelegt, spezifische Probleme zu lösen oder spezifische Aufgaben zu automatisieren, ohne menschenähnliche Intelligenz zu besitzen.

Starke KI bezieht sich auf Systeme, die eine künstliche Intelligenz besitzen, die mit menschlicher Intelligenz vergleichbar ist. Diese Art von KI könnte ein breites Spektrum von kognitiven Fähigkeiten umfassen und in der Lage sein, Probleme zu lösen, abstrakte Konzepte zu verstehen, zu lernen und zu generalisieren.

Abb. 6.1 Schwache und starke KI. (Quelle: Lindner 2024 und DALL-E3 KI)

unterstützen (Lindner 2024). Konkrete Beispiele und Technologien solcher schwachen KI sind (Lindner 2024):

- **Spracherkennungssysteme** werden von Unternehmen wie Amazon (Amazon Alexa), Apple (Siri), Google (Google Assistant) und Microsoft (Cortana) entwickelt und bereitgestellt.
- **Chatbots**, die in der Kundenbetreuung und im Kundenservice eingesetzt werden, stammen von Anbietern wie IBM (Watson Assistant), Microsoft (Azure Bot Service), Google (Dialogflow) und Facebook (Messenger Bot).
- **Bilderkennungsalgorithmen**, die in der Computer-Vision eingesetzt werden, werden von Unternehmen wie Google (Google Cloud Vision), Amazon (Amazon Rekognition), Microsoft (Azure Computer Vision) und IBM (Watson Visual Recognition) entwickelt.
- **Empfehlungssysteme**, die personalisierte Empfehlungen für Benutzer generieren, werden von Unternehmen wie Netflix, Amazon, Spotify und YouTube implementiert.
- **Natural Language Processing (NLP)** wird von Anbietern wie OpenAI, Google (Cloud Natural Language API), IBM (Watson Natural Language Understanding) und Microsoft (Azure Text Analytics) bereitgestellt.
- **Maschinelles Lernen (Machine-Learning)** wird von vielen Unternehmen in verschiedenen Branchen eingesetzt, darunter als bekannteste Google, Amazon, Microsoft, IBM und Facebook.
- **Klassifikationsalgorithmen und Regressionsanalysen** werden von verschiedenen Anbietern von Datenanalyse- und Business-Intelligence-Plattformen wie Tableau, SAS, SAP und Oracle entwickelt.
- **Predictive Analytics**, um zukünftige Trends und Verhaltensmuster vorherzusagen, werden von Unternehmen wie SAS, IBM, Oracle und Salesforce angeboten.
- **Gesichtserkennungstechnologien** werden von Anbietern wie NEC, Cognitec, Face++ (Megvii), und Clearview AI entwickelt.

Neben schwacher KI gibt es noch starke KI. Doch die Umsetzung dieser KI ist sehr teuer und sehr umständlich. Auf der einen Seite wird sehr teure Hardware benötigt und auf der anderen Seite sehr teure Expert*innen um diese umzusetzen. Beispiele solcher starken KI sind neurale und komplexe Anwendungen wie Siri, Alexa und komplexe Algorithmen, welche eher von Unternehmen als Service eingekauft werden.

Um kostengünstig vor allen in Zeiten der Achtung auf Rentabilität mit KI zu experimentieren, empfiehlt sich für den Anfang die Anwendungsfälle der schwachen KI zu erproben.

6.2 Wissenschaftliche Erkenntnisse zur KI

Um den aktuellen Stand zum Thema KI zu erfassen, führte die Bitkom (2023) eine Studie mit über 600 Unternehmen in Deutschland durch. Die Ergebnisse lauten kurz und knapp:

- 15 % nutzen aktiv und bewusst KI (2021: 9 %), alle anderen meist unbewusst oder gar nicht,
- 29 % betrachten KI als einen Hype und
- 68 % sehen eine aktive Chance in der KI.

> *„Zwar setzt nur jedes fünfte Unternehmen, das KI als wichtigste Zukunftstechnologie sieht, selbst auch KI ein. Aber die deutsche Wirtschaft drückt beim Thema Künstliche Intelligenz seit diesem Jahr stärker aufs Tempo. An der Diskrepanz zwischen Wissen und Handeln müssen wir dauerhaft arbeiten"*, sagt Bitkom-Präsident Ralf Wintergerst in der Studie der Bitkom.

Die Einsatzbereiche von KI sind dabei vor allem geprägt von ChatGPT-nahen Anwendungsfällen wie die Analyse und Erstellung von Texten. Besonders ChatGPT fungierte laut der Studie für viele Unternehmen als ‚Eye-Opener'. Dennoch fällt auf, dass sich mittlerweile in verschiedenen Bereichen spannende Einsatzmöglichkeiten für KI bieten und die Technologie oft zu geringen Preisen ausprobiert werden kann. Die Einsatzbereiche lassen sich wie folgt gliedern:

- 74 % Textanalyse und Textverständnis
- 70 % Erstellung von Texten, Bildern oder Musik
- 68 % Gesichtserkennung

- 67 % Prognosen
- 67 % Mustererkennung, Bilderkennung

Laut der Studie ist überraschend, dass insbesondere das Potenzial im Kontakt mit Kundinnen und Kund*innen, beim unternehmensinternen Wissensmanagement oder auch bei Vertragserstellung und -prüfung noch kaum gesehen wird. Hier werden in der Studie bereits verschiedene praxistaugliche Anwendungen genannt. Dabei wird aktuell noch verhalten vorgegangen und es werden vor allem interne Anwendungsfälle erprobt. Diese sind:

- 82 % Unterstützung bei Berichten, Übersetzungen oder sonstigen Texten
- 59 % Mustererkennung
- 58 % Bilderstellung
- 58 % Softwarecode-Generierung
- 50 % Forschung und Entwicklung zur Auswertung von Daten
- 44 % Produktion als Assistenzsystem bei der Maschinensteuerung
- 39 % Kundenkontakt und Bearbeitung von Kundenanfragen
- 26 % HR – Kommunikation mit Bewerbenden
- 23 % Wissensmanagement – Chatbot im Unternehmen
- 12 % Unterstützung der Steuerabteilung

Doch welche sind die aktuellen Hindernisse in der Nutzung von KI? Was hält Unternehmen davon ab, den Einsatz von KI verstärkt zu etablieren? Die Studie führt folgende mögliche Hemmnisse auf:

- 85 % Datenschutz
- 84% fehlendes Know-how
- 81 % nachträgliche Einschränkung durch Gesetze
- 78 % fehlendes IT-Personal
- 76 % rechtliche Unsicherheit
- 69 % Mangel an Daten und Anwendungsfällen
- 68 % Mangel an freien Ressourcen zur Umsetzung
- 50 % fehlende Akzeptanz der Belegschaft
- 40 % laufende und langfristige Kosten

In der Untersuchung wird der Schluss gezogen, dass es Unternehmen beim KI-Einsatz nicht um Subventionen geht, vielmehr benötigen diese Planungssicherheit und stabile Rahmenbedingungen, etwa was den Datenschutz angeht.

> Es zeigt sich, dass KI in einigen deutschen Unternehmen verwendet und bevorzugt zur Unterstützung bei der Erstellung von Berichten, Übersetzungen oder sonstigen Texten, zur Mustererkennung und zur Bilderstellung eingesetzt wird. Aktuelle Hindernisse sind Datenschutz, fehlendes Know-how und nachträgliche Einschränkungen durch Gesetze. Dies zeigt eine große Anwendung der sogenannten schwachen KI als Helfer im Arbeitsalltag.

6.3 Möglichkeiten durch KI

Im vorliegenden Abschnitt werden verschiedene Beispiele für den Einsatz von KI im Rahmen von Fallstudien vorgestellt. Diese Anwendungsfälle helfen dabei, das Thema konkret zu verstehen und die praxisnahe Umsetzung sowie den Nutzen zu erkennen. Dazu zeige ich jeweils anhand eines fiktiven Unternehmens eine Lösung eines unternehmensinternen Problems mit KI. Am Ende wird auch auf mögliche Verbesserungen durch die KI eingegangen. Die Fallstudien reichen von automatisch generierten Meetingprotokollen und der Erstellung neuer Meetings bis hin zur Integration von KI in die Produktionsprozesse und die Datenanalyse.

Hinweis: Alle Unternehmen, Namen und KI-Technologien sind frei erfunden. Ähnlichkeiten zu bestehenden Unternehmen sind Zufall. Die abgeleiteten Effizienzen basieren auf aktuellen Einblicken aus meiner Praxiserfahrung.

Fallstudie 1: Die TechSynergy, eine moderne Unternehmensberatung in der IT
Herausforderung: Effiziente Aufzeichnung und Organisation von Meetinginhalten und Handlungsbedarf sowie automatisierte Erstellung von Protokollen und Zuweisung von Aufgaben für verschiedene Teams.

Lösung: Einsatz einer KI-Plattform, genannt MeetingAI, die folgendes ermöglicht:
Automatische Aufzeichnung von Audio- und Videoinhalten während Meetings, Echtzeittranskription der Diskussionen und Identifizierung von Schlüsselthemen und Aktionselementen. Im Anschluss soll eine automatische Erstellung von detaillierten Protokollen mit besprochenen Themen, Entscheidungen, zugewiesenen Aufgaben und Zeitmarken für wesentliche Diskussionspunkte erfolgen. Zudem wird eine Analyse des Protokolls nach dem Meeting durchgeführt und es werden neue Meetings erstellt sowie Aufgaben mittels Jira-Tickets zugewiesen.
Beispiel: Während des Meetings zeichnet die KI-Plattform automatisch Audio- und Videoinhalte auf. Mittels Spracherkennungsfunktion wird die Diskussionen in Echtzeit transkribiert und Schlüsselthemen sowie Aktionselemente werden identifiziert. Basierend auf den Gesprächen erstellt die Plattform automatisch ein detailliertes Protokoll mit besprochenen Themen, Entscheidungen, zugewiesenen Aufgaben und Zeitmarken für wesentliche Diskussionspunkte.
Nach Abschluss eines Meetings analysiert die Plattform automatisch das Protokoll und identifiziert neue Aufgaben oder Aktionsschritte. MeetingKI erstellt automatisch neue Meetings gemäß den festgelegten Anforderungen aus dem Protokoll und lädt Teilnehmende ein.
Basierend auf den identifizierten Aufgaben werden automatisch Jira-Tickets oder Aufgaben erstellt und den zuständigen Teams oder Personen zugewiesen. Die Plattform aktualisiert den Status von Aufgaben kontinuierlich und ermöglicht es den Teams, den Fortschritt und die Ergebnisse zu verfolgen.
Ergebnisse:

- Effizientere Meetingorganisation und -nachverfolgung
- Verbesserte Zuweisung von Aufgaben und klare Verantwortlichkeiten
- Nahtlose Integration von Meetings, Aufgabenmanagement und Projektmanagement-Tools
- Durch diese Art von KI-gesteuerter Plattform lassen sich Arbeitsabläufe rationalisieren, indem sie die manuelle Arbeit der Protokollierung und der Aufgabenverwaltung nach Meetings übernimmt, was zu einer effizienteren Nutzung der Arbeitszeit und einer verbesserten Zusammenarbeit innerhalb des Unternehmens führt.

Fallstudie 2: Die Modern Electronics, ein führender Anbieter von Unterhaltungselektronik
Herausforderung: Modern Electronics hatte eine hohe Anzahl von Kundeninnenanfragen zu Produkten, Bestellungen und technischem Support. Die bestehenden Supportteams waren überlastet und konnten nicht immer die erforderliche Soforthilfe bieten, besonders außerhalb der Geschäftszeiten.

Lösung: Das Unternehmen implementierte einen KI-gesteuerten Chatbot namens ‚TechAssist'. Dieser wurde in die Kund*innendienstplattform integriert und war in der Lage, häufig gestellte Fragen zu beantworten, technische Probleme zu diagnostizieren und grundlegende Unterstützung zu bieten.

Beispiel: Ein Kund*in hatte Schwierigkeiten, die Einstellungen auf seinem neu erworbenen Smart-TV anzupassen. Anstatt auf eine Antwort zu warten oder die Hotline anzurufen, startete der Kund*in den TechAssist-Chatbot über die Website des Unternehmens. Der Chatbot stellte gezielte Fragen zum TV-Modell und den spezifischen Problemen des Kund*innen. Basierend auf den Informationen führte der Chatbot den Kund*innen durch die Menüoptionen des Fernsehers und löste das Problem, indem er eine detaillierte Schritt-für-Schritt-Anleitung zur Verfügung stellte. Der Kund*in konnte die Einstellungen erfolgreich ändern, ohne auf menschlichen Support angewiesen zu sein.

Ergebnisse:

- Reduzierung der Wartezeiten für Kundenanfragen um 40 %
- 24/7-Verfügbarkeit der Unterstützung durch den Chatbot führte zu einer verbesserten Kundenzufriedenheit.
- Entlastung der menschlichen Supportteams in Bezug auf repetitive Anfragen, sodass sie sich auf komplexere Probleme konzentrieren konnten

Fallstudie 3: DataInsight Consulting, ein Unternehmen für Datenanalysen und Beratungsdienstleistungen
Herausforderung: DataInsight hatte Schwierigkeiten, große Mengen an Daten effizient zu analysieren und aussagekräftige Erkenntnisse für Kund*innen zu gewinnen.

Lösung: Das Unternehmen implementierte ein KI-gesteuertes Datenanalyse-Tool, das komplexe Datenmuster identifizierte und automatisch Erkenntnisse aus den Daten zog.
Beispiel: Ein Kund*in aus der Einzelhandelsbranche wollte das Kaufverhalten seiner Kund*innen besser verstehen. DataInsight nutzte das KI-Tool, um Daten aus verschiedenen Quellen zu analysieren, darunter Einkaufsverläufe, demografische Informationen und soziale Medien. Das Tool identifizierte Muster und präsentierte Einblicke, wie sich die Kundenpräferenzen verändern und welche Marketingstrategien effektiver sein könnten.
Ergebnisse:

- Beschleunigte Datenanalyse um 50 %
- Bessere Erkenntnisse und fundierte Entscheidungen für Kund*innen
- Steigerung der Effizienz bei der Bereitstellung von Datenanalysediensten
- Diese Fallstudien verdeutlichen, wie der Einsatz von KI-gesteuerten Lösungen verschiedene Unternehmen in unterschiedlichen Branchen unterstützen kann, um ihre betrieblichen Abläufe zu verbessern und bessere Ergebnisse zu erzielen.

Fallstudie 4: Die Profi Manufacturing GmbH, ein Produktionsunternehmen
Herausforderung: Die Profi Manufacturing GmbH hatte Schwierigkeiten bei der Überwachung der Produktqualität und bei der Identifizierung von Fehlern während des Produktionsprozesses.
Lösung: Das Unternehmen implementierte eine Bilderkennungs- und Qualitätskontrollsoftware, die mithilfe von KI-Algorithmen fehlerhafte Produkte in Echtzeit erkennen konnte.
Beispiel: Während der Fertigung erkannte die Bilderkennungssoftware anhand visueller Inspektion Fehler in einem Produktionslauf. Sie identifizierte fehlerhafte Bauteile und markierte sie automatisch für eine manuelle Inspektion, wodurch nur die defekten Teile aussortiert werden mussten.
Ergebnisse:

- Reduzierte Ausschussrate um 30 %
- Verbesserte Qualitätssicherung und geringere Fehlerquoten
- Effizientere Nutzung von Produktionsressourcen

Fallstudie 5: FastTrack Logistics, ein Logistikunternehmen
Herausforderung: FastTrack Logistics hatte Schwierigkeiten, Lagerbestände zu optimieren und Lieferzeiten zu verkürzen.
Lösung: Das Unternehmen implementierte ein KI-gesteuertes Prognosesystem, das Daten aus verschiedenen Quellen nutzte, um die Nachfrage vorherzusagen und die Lagerbestände zu verwalten.
Beispiel: Vor einer großen Werbeaktion prognostizierte das System die erhöhte Nachfrage nach bestimmten Produkten. Basierend auf diesen Vorhersagen passte FastTrack Logistics die Lagerbestände entsprechend an, um die benötigten Produkte rechtzeitig verfügbar zu machen.
Ergebnisse:

- Reduzierte Lagerhaltungskosten um 30 %
- Verbesserte Bestandsverwaltung und rechtzeitige Lieferungen
- Bessere Reaktion auf sich ändernde Marktnachfrage

6.4 Rentabilität und KI

In meinen neusten KI Essential „Management zwischen Mensch und Algorithmus – Die Zukunft der Arbeit gestalten" (Lindner 2024) habe ich bereits viele Aspekte zu KI diskutiert. Besonders wichtig ist die Bedeutung für Unternehmen, auch in wirtschaftlich schwierigen Zeiten in Zukunftsthemen zu investieren und dabei insbesondere die Kosten im Blick zu behalten. Trotz der aktuellen Herausforderungen, wie der Rezession in Deutschland und dem verstärkten Fokus vieler Unternehmen auf Kostenreduktion und Rentabilität, ist es entscheidend, Investitionen zu tätigen, um langfristige Wettbewerbsvorteile zu sichern (Lindner 2024).

> Ähnlich wie zu Zeiten der industriellen Revolution, als Maschinen beschafft werden mussten, stehen wir nun vor der Aufgabe, teure Algorithmen und qualifiziertes IT-Personal einzusetzen. Jedoch ermöglicht die aktuelle Wirtschaftslage vielen Branchen nur begrenzt, solche Investitionen zu tätigen. Es ist daher wichtig, klug zu investieren, aber auch mit einer gewissen Weitsicht vorzugehen.

Die Implementierung von KI bietet sowohl kurzfristige Rentabilitätssteigerungen als auch langfristige Wettbewerbsvorteile. Kurzfristig führt KI zu Effizienzsteigerungen in der Produktion, Kostensenkungen durch Automatisierung und Optimierung von Prozessen sowie zur Verbesserung der Produktqualität und der Lieferkette (Lindner 2024). Langfristig ermöglicht KI die Entwicklung innovativer Produkte und Dienstleistungen, personalisierte Kundenansprache, die Erschließung neuer Märkte und Geschäftsmöglichkeiten sowie das frühzeitige Erkennen von Markttrends (Lindner 2024).

> KI wird mittelfristig keine Arbeitsplätze ersetzen wird, aber eine „Produktivitätsrevolution" auslösen. Sie kann Mitarbeitende von repetitiven und organisatorischen Aufgaben befreien. Besonders in Zeiten der aktuellen Wirtschaftsrezession ist es wichtig, Fachkräfte für Tätigkeiten einzusetzen, für die man sie eingestellt hat und für die sie ausgebildet sind (Lindner 2024)

KI wird aktuell als Helfer im Arbeitsalltag zunehmend genutzt. Ihre Fähigkeit, repetitive Aufgaben zu automatisieren und Arbeitsabläufe effizienter zu gestalten, macht sie zu einem wertvollen Werkzeug in verschiedensten Branchen. Von der Formatierung von Quellen, generierung von Texten, Korrektur von Texten und vielem mehr trägt KI dazu bei, menschliche Arbeitskräfte zu entlasten und Ressourcen effektiver einzusetzen. Diese Entwicklung verspricht nicht nur eine Steigerung der Produktivität, sondern auch neue Möglichkeiten für Innovation und Kreativität in der Arbeitswelt.

> **Beispiel der Rentabilitätssteigerung von KI eines Projektmanagers (w/m/d)**
>
> Durch den Einsatz von KI kann eine Fachkraft in diesem Beispiel ein Projektmanager*in effizienter arbeiten und Zeit sparen. Hier sind drei Beispiele aus meiner persönlichen Erfahrung, wie KI meine Arbeitszeit um insgesamt 10 h pro Woche reduziert hat:
>
> - **Automatisierung von Berichterstattung und Analyse**: Durch die Nutzung vonChatGPT zur Zusammenfassung von Protokollen und Berichterstellung konnte ich 4 h pro Woche sparen.

> - **Optimierung von Terminplanung und Koordination:** Mit Hilfe einer KI Kalender- und Terminplanungssoftware konnte ich weitere 2 h pro Woche einsparen, da die KI automatisch Termine koordiniert.
> - **Automatisierung von Routinekommunikation:** Durch die Nutzung von Chatbots sowie E-Mail-Filtern konnte ich zusätzlich etwa 4 h pro Woche einsparen, indem die KI bestimmte Kommunikationsaufgaben unterstützt erledigt.
>
> Angenommen, ein Projektmanager*in verdient bei 40 h – 5000 € brutto im Monat, was einem Stundenlohn von ungefähr 28,85 € entspricht. Die Ersparnis dieser 10 h sind 1247,45 € pro Monat. Zeit an denen die Fachkraft z. B. mehr Kundenaufträge erledigen kann und damit nicht nur Kosten spart sondern den Umsatz steigert.

Trotz möglicher wirtschaftlicher Risiken sollten Unternehmen nicht zögern, in KI zu investieren, wobei jedoch eine sorgfältige Planung und Umsetzung erforderlich ist, um Risiken zu minimieren und langfristige Erfolge zu gewährleisten (Lindner 2024). Die erfolgreiche Implementierung von KI wird maßgeblich dazu beitragen, den Wohlstand Deutschlands und den Erfolg einzelner Unternehmen in den kommenden Jahren zu sichern und zu fördern (Lindner 2024).

6.5 Gesetze, Datenschutz und Ethik

In der wissenschaftlichen Fundierung und auch aus meiner persönlichen Erfahrung zeigt sich, dass rechtliche Unsicherheit und fehlende Richtlinien die zögerliche Nutzung von KI in Unternehmen maßgeblich beeinflussen. Dabei gibt es drei Fragestellungen: die aktuellen Gesetze, Datenschutzbestimmungen sowie ethische Aspekte im Zusammenhang mit der Nutzung von KI (Lindner 2024).

Vorweg lässt sich sagen, dass die Verwirrung begründet ist. Es existiert derzeit kein umfassendes KI-Gesetzbuch, vergleichbar mit der Straßenverkehrsordnung für autofahrende Personen. Jedoch stimmt das EU-Parlament mehrheitlich für die Entwicklung eines ersten europaweit gültigen KI-Gesetzes am 13.03.2024 (Lindner 2024). Dieses Gesetz soll

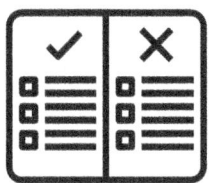
- EU AI-Act: Entwicklung und Betrieb von KI-Systemen
- EU Data Act: Zugang zu Daten durch Endnutzende
- DSGVO: Nutzung von sensiblen Daten
- MDR: KI-Komponenten im medizinischen Bereich
- AFGBV: Autonomes Fahren

Abb. 6.2 Aktuelle KI Richtlinien. (Quelle: Lindner 2024)

vor allem Bereiche wie den Schutz der Menschen vor KI, die Verhinderung von Diskriminierung, das Verbot von Social Scoring und die Regulierung von Gesichtserkennung im öffentlichen Raum abdecken (Lindner 2024).

Es zeigt sich, dass aktuelle Richtlinien noch in Bearbeitung sind. Es gibt jedoch zahlreiche Bemühungen und schon erste Richtlinien, welche in Abb. 6.2. zusammenfasst sind. Die Entwicklung von Richtlinien wie dem EU AI Act und anderen europäischen Regulierungen soll Unternehmen dabei helfen, KI-Systeme rechtlich einzuordnen (Lindner 2024).

Besondere Bedeutung kommt neben der Gesetzgebung auch der unkontrollierten Verarbeitung von Unternehmensdaten durch KI-Systeme zu, wodurch Vertraulichkeit und Integrität gefährdet sind (Lindner 2024). Trotz der aktuellen Anpassung der Datenschutzgrundverordnung (DSGVO), bestehen Herausforderungen bezüglich der Anwendung dieser Gesetze auf KI (Lindner 2024).

Ein anschauliches Beispiel ist die Nutzung von Amazons Alexa in Zusammenhang mit Artikel 1 der DSGVO: Das recht auf informelle Selbstbestimmung. Alexa zeichnet unter Umständen Gespräche und Situationen auf, selbst wenn wir dies nicht beabsichtigen oder wünschen. Die KI selbst entscheidet in diesem Fall über die Aufzeichnung und die Verwendung. Diese Tatsache ist rechtlich kritisch zu sehen, da nicht nachvollzogen werden kann, wie diese Daten verwendet werden. Dabei können auch personenbezogene Daten verarbeitet werden, ohne dass dafür eine Zustimmung eingeholt wurde und zusätzlich in ein unsicheres Drittland übermittelt werde (Lindner 2024). Es bleibt abzuwarten wie solche Situationen rechtssicher gelöst werden können.

> Es fehlt aktuell überall noch an konkreten Gesetzen und Richtlinien zur Nutzung von KI in Unternehmen. Die rechtliche Unsicherheit ist deswegen ein valider Grund. Dennoch sollte KI im Unternehmen hinsichtlich der Zukunftsfähigkeit verwendet werden und auch im gesetzlich bekannten Rahmen damit experimentiert werden.

Eine weitere Unsicherheit sind ethische Fragestellungen. Ein herausragendes Beispiel für die ethischen Herausforderungen im Umgang mit KI ist der Vorfall mit dem Chatbot Tay von Microsoft, der innerhalb von 24 h nach seiner Veröffentlichung rechtsradikale Ansichten entwickelte und daraufhin abgeschaltet wurde (Lindner 2024).

In Anbetracht dieser Überlegungen in meinen Essential (Lindner 2024) wird deutlich, dass KI aufgrund spezifischer Daten und Trainings dazu neigen kann, Menschen in bestimmte Kategorien zu klassifizieren oder beispielsweise bestimmte Hautfarben zu bevorzugen. Besonders in HR-Rekrutierungssystemen birgt dies das Risiko, dass Bewerber aufgrund persönlicher Merkmale oder Hintergründe diskriminiert werden könnten. Obwohl es derzeit schwierig ist, eine vollständig vorurteilsfreie KI zu entwickeln, wird betont, dass die Auswahl und Verarbeitung von Trainingsdaten sowie die Gestaltung der Algorithmen von entscheidender Bedeutung sind, um sicherzustellen, dass KI-Systeme faire und ethisch akzeptable Entscheidungen treffen.

Es ist daher als Unternehmen selbst notwendig in Workshops solche Richtlinien für die Verwendung von KI zu entwickeln, dass KI-Systeme die Grundsätze der sozialen Gerechtigkeit und der Gleichbehandlung einhalten.

6.6 Interview mit einem KI-Experten

Ich habe bereits im Jahre 2018 ein Fachbuch gemeinsam mit Paul Niebler verfasst. Das Thema lautete „Datenbasiert entscheiden" und die Darstellung konzentrierte sich auf Big Data. Damals untersuchten wir die Verwendung von Daten im Unternehmen. In diesem Bereich gibt es seit der Einführung der KI neue Möglichkeiten. Paul Niebler hat mittlerweile selbst ein Unternehmen gegründet und gibt nochmals persönliche Einblicke in seine KI-Strategie.

Hallo Paul, stelle dich und dein Unternehmen bitte kurz vor!
Hallo Dominic, ich bin Mitgründer und Geschäftsführer von Pexon Consulting, einer IT-Unternehmensberatung, die sich insbesondere auf Cloud-Technologien spezialisiert.

Wie bist du auf das Thema KI gekommen? Warum setzt ihr es bei Pexon Consulting ein?
Ich war schon immer KI-interessiert. Zu Beginn meiner IT-Karriere habe ich viele Onlinekurse im Bereich Machine Learning gemacht und verfolge das Thema seitdem. Mit ChatGPT kam jetzt nochmal viel Schwung in das Thema.

Bei Pexon Consulting zeigen wir Kund*innen, wie sie generative KI in Projekten einsetzen können, ohne dabei die Souveränität ihrer Daten aufzugeben. Als Microsoft-Partner arbeiten wir eh mit Microsoft, das Azure AI-Angebot war dann eine passende Ergänzung für uns. Auch intern nutzen wir generative AI, u. a. im Sales und im Marketing.

Welche Potenziale und welchen Nutzen erhoffst du dir durch die Verwendung von KI im Unternehmen?
Mitarbeitende können schneller ihre Ideen umsetzen und müssen sich weniger um Routineaufgaben sorgen. Auch im Bereich Learning and Development ergeben sich viele Möglichkeiten durch individualisiertes Training in verschiedenen Bereichen.

Welche KI-gesteuerten Lösungen nutzt dein Unternehmen derzeit und welche Vorteile haben sich daraus ergeben?
Wir nutzen Tools wie ChatGPT, Midjourney und Canva. Bei ChatGPT haben wir auch testweise eigene GPTs entwickelt, die wir mit Sammlungen von Dokumenten zu bestimmten Themen gefüttert haben, die dann darauf gezielt Antworten liefern und diese Informationen weiterverarbeiten.

Kannst du mir zwei Beispiele für konkrete KI-Anwendungen oder -Projekte nennen, die maßgeblich zum Erfolg des Unternehmens beigetragen haben?
Im Recruiting haben wir KI benutzt, um Fragebögen zu bestimmten Technologien zu entwickeln, die nicht regelmäßig vorkommen. Wir benutzen zum Beispiel meist Linux in unseren Projekten. Hat eine bewerbende Person viel Erfahrung mit Windows Server und Active Directory muss hier nicht immer ein/e Kollege*in mit dabei sein, der/die ebenfalls direkt damit gearbeitet hat.

Im Marketing benutzen wir Midjourney, um Bilder für Case-Studies zu generieren. AI-Bilder sind nicht immer optimal, aber geben oft einen guten ersten Entwurf, mit dem dann weitergearbeitet werden kann.

Welche Herausforderungen sind bei der Implementierung von KI in deinem Unternehmen aufgetreten und wie hast du z. B. die Problematik des Datenschutzes gelöst?
Für das Thema Datenschutz greifen wir auf die Services von Microsoft zurück. Sie bieten unter dem Namen Azure KI speziell für Unternehmen zugeschnittene Lösungen, bei denen die eigenen Daten nicht in die Cloud für Trainingszwecke weitergegeben werden. Sind die Daten besonders sensibel, kann das Nutzen eines Open-Source-Models, wie zum Beispiel Llama von Facebook, eine weitere Alternative sein.

Welches Potenzial siehst du noch in der Nutzung von KI für Dein Unternehmen? Gibt es spezifische Bereiche, in denen du gerne mehr Fortschritt sehen würdest?
Ich sehe über alle Abteilungen hinweg vielfältige Einsatzmöglichkeiten. Persönlich hoffe ich, dass vor allem im medizinischen Bereich KI weiter genutzt wird. Es gibt zu wenig Ärzte und Ärztinnen und je nach Statistik verbringen diese 20–40 % ihrer Zeit mit Dokumentationen. Wenn der Zeitaufwand hier reduziert wird, bleibt mehr Zeit mit Patienten und Patientinnen. Auch können medizinische Informationen zugänglicher gemacht werden. Ein spannendes Beispiel ist hier das Modell Med-PaLM, das auf medizinische Paper trainiert wurde und bereits starke Ergebnisse in Benchmarks wie MedQA liefert. Natürlich sind die Ergebnisse immer mit Vorsicht zu genießen.

Wie balancierst du den Einsatz von KI mit der menschlichen Expertise in deinem Unternehmen?
KI kann keinen Menschen ersetzen, aber bestehende Mitarbeitende produktiver machen. Das Ziel, Mitarbeitende zu befähigen, mit KI effektiver zu arbeiten. Da wir viel im Bereich der Software-Entwicklung unterwegs sind, gibt es hier viele Möglichkeiten, über das Designen von Frontend-Components bis hin zur Unterstützung bei der Erstellung von Testverfahren für Software.

Wie, glaubst du, werden sich der Trend KI sowie die Nutzung in den nächsten zwei Jahren entwickeln?
Die nächsten Jahre werden wir noch größere und leistungsfähigere Modelle sehen. GPT-4 hatte bereits Trainingskosten von mehreren hundert Millionen Euro, die Top-Models der Zukunft werden noch größer werden und mit noch mehr Aufwand erstellt werden; viele Start-ups rufen hierfür aktuell große Finanzierungsrunden auf. Auf der anderen Seite werden auch die kleinen Open-Source-Modelle immer stärker. Es wird einfacher werden, ein eigenes Modell zu trainieren und zu hosten, da die Kosten und Komplexität nach unten gehen werden.

Mit zunehmender Leistungsfähigkeit wird auch die Nutzung steigen. Was aktuell noch fehlt, ist die Möglichkeit, dass KI auch selbst Aufgaben durchführen kann. Dies wird oft als ‚Agents' bezeichnet. Ich denke, sobald diese ausgereift sind, wird die Nutzung im Enterprise-Bereich nochmal deutlich attraktiver.

Und zu guter Letzt: Welche KI-Lösung oder welchen KI-Anwendungsfall wünscht du dir noch?
Ich hätte gerne einen AI-Assistant, der mit meinem Kalender und Kommunikationstools wie Slack und E-Mail verbunden ist und selbstständig Termine verschieben oder organisieren kann und dabei natürlich in meinem eigenen Sprachstil kommuniziert. Auch freue ich mich persönlich auf Apps zum Lernen von Sprachen, die Aussprachefehler verstehen, das eigene Level dauerhaft wissen und spielerisch und effektiv Wissen vermitteln.

Vielen Dank Paul für die Einblicke und die Mitwirkung an diesem Fachbuch!

6.7 Fazit

In diesem Kapitel wurde das Thema KI in Unternehmen thematisiert. In wissenschaftlichen Studien wurde gezeigt, dass aktuell nur jedes fünfte Unternehmen KI nutzt. Vorrangige Nutzungsgebiete sind Textanalyse, die Erstellung von Texten, Gesichtserkennung und Prognosen. Die Gründe für diese Zurückhaltung sind Datenschutzbedenken, mangelndes Wissen und die fehlende Planungssicherheit durch Gesetze. Um das Thema zu konkretisieren, wurden fünf Fallstudien von KI in Unternehmen gezeigt. Diese Fallstudien illustrieren die Verwendung von KI mit Beispielen wie eine automatisierte Generierung von Meeting-Protokollen bis hin zur Integration von KI in Produktionsprozesse. Sie dienen als konkretes Beispiel für die vielfältigen Einsatzmöglichkeiten von KI-gesteuerten Lösungen und zeigen auf, wie Effizienzsteigerungen, Kostensenkungen und die Entwicklung innovativer Lösungsansätze in verschiedenen Bereichen erzielt werden können. Ein Interview mit einem KI-Experten rundet dieses Kapitel ab. Und am Ende noch eine kleine Motivation auf Basis eine Zitats des Nvidia CEO Jen-Hsun Huang von 2024: „KI wird nicht Ihren Job übernehmen. Die Person, welche KI nutzen kann, übernimmt Ihren Job!". Es lohnt sich als sowohl als Privatperson als auch als Unternehmen das Thema KI zu verfolgen. Mehr Informationen finden Sie in meinen Essential: Management zwischen Mensch und Algorithmus – Die Zukunft der Arbeit (Lindner 2024) gestalten.

Literatur

BIDT (2023). Künstliche Intelligenz. https://www.bidt.digital/themenmonitor-kuenstliche-intelligenz/. abgerufen am 26.11.2023

Bitkom (2023). Deutsche Wirtschaft drückt bei Künstlicher Intelligenz aufs Tempo. https://www.bitkom.org/Presse/Presseinformation/Deutsche-Wirtschaft-drueckt-bei-Kuenstlicher-Intelligenz-aufs-Tempo. abgerufen am 26.11.2023

IBM (2023). Was ist künstliche Intelligenz. https://www.ibm.com/de-de/topics/artificial-intelligence/. abgerufen am 26.11.2023

Lindner, D. (2024). Management zwischen Mensch und Algorithmus – Die Zukunft der Arbeit gestalten. Springer Gabler.

7

Nachhaltigkeit und Umwelt in Unternehmen

In einer Zeit, in der Umweltbewusstsein und Nachhaltigkeit einen immer größeren Stellenwert in der Gesellschaft einnehmen, rückt das Thema auch in Unternehmen verstärkt in den Fokus. Es geht nicht mehr nur darum, Gewinne zu erzielen, sondern auch darum, wie diese Gewinne erzielt werden. Unternehmen spielen eine entscheidende Rolle in der Gestaltung einer nachhaltigeren Zukunft. Ihre Verantwortung für die Umwelt wird zunehmend als integraler Bestandteil ihrer Unternehmenskultur und ihrer Strategie anerkannt. Der Ansatz, Gewinnmaximierung mit einem verantwortungsbewussten Umgang mit Ressourcen zu vereinen, prägt die neue Ära des unternehmerischen Denkens und Handelns. In diesem Kapitel werden zuerst wissenschaftliche Erkenntnisse zum Thema Nachhaltigkeit und anschließend Strategien zur Umsetzung im Kontext der ethischen Verantwortung, aber auch der wirtschaftlichen Sinnhaftigkeit gezeigt. Abgerundet wird das Kapitel mit einer Fallstudie sowie durch Marketingstrategien.

7.1 Studien zu Nachhaltigkeit in Unternehmen

Wo stehen die deutschen Unternehmen im Kontext von Klimaschutz und Umwelt? Um diese Frage zu beantworten, sollen im Folgenden einschlägige wissenschaftliche Studien ausgewertet werden, um den aktuellen Stand zu zeigen. Aus diesem werden im nächsten Abschnitt entsprechende Nachhaltigkeitsstrategien für Unternehmen abgeleitet.

> Ich beleuchte das Thema Nachhaltigkeit und Umwelt aus einer neutralen Perspektive zwischen konstruktivem unternehmerischen Denken und ethischen Verantwortlichkeiten. Die folgenden Zeilen stellen keine Wertung dar, sondern geben in neutraler Sichtweise wissenschaftliche Studienergebnisse wieder. Ich selbst bin der Meinung, dass es notwendig ist, Maßnahmen zur Erhaltung unseres Planeten in Unternehmen zu etablieren.

Im GBP-Monitor der Universität Mannheim (2023, 800 befragte Unternehmen) aus dem Jahr 2023 zeigt sich, dass ein erheblicher Teil der Unternehmen in Deutschland bereits konkrete Maßnahmen für den Umwelt- und Klimaschutz (52 %), für soziale Zwecke (47 %) oder für eine verantwortungsvolle Unternehmensführung (65 %) umgesetzt hat. Weiterhin sind laut der Studie Einsparungen in Bezug auf den Energieverbrauch sowie die Umstellung auf erneuerbare Energiequellen mit 65 % die häufigsten Maßnahmen im Bereich des Umweltschutzes.

Als kritischer Punkt ergibt sich aus der Studie, dass bei 71 % der Unternehmen betriebswirtschaftliche Kennzahlen wie Umsatz und Gewinn als Treiber für derartige Maßnahmen dienten. Weiterführende Einblicke in die Zusammenhänge, weshalb das Thema Gewinn derart im Vordergrund steht, lassen sich zwei anderen Studien entnehmen: Der TÜV-Verband (2023) bilanziert zu einer aktuellen Erhebung unter 500 Unternehmen: „Bei ihren Bemühungen für mehr Umwelt- und Klimaschutz haben viele Unternehmen Nachholbedarf. Bremsfaktoren sind hohe Kosten, fehlende Ressourcen und Konjunktursorgen." Die Studie zeigt zudem, dass knapp 40 % der Unternehmen beobachten, dass sich bestimmte Kund*innenwünsche zu Nachhaltigkeit verändern und

Märkte für bestimmte Produkte ohne Nachhaltigkeit vollkommen wegbrechen. Die Gründe erscheinen im ersten Moment naheliegend, da sich vor allem die hohen Kosten einschränkend auswirken. Dies wurde bereits im Kap. 3 dieses Fachbuchs erläutert.

Umweltschutz und Nachhaltigkeit erzeugen Kosten, die vor allem kleine und mittlere Unternehmen derzeit häufig nicht aufbringen können. Weitere Gründe sind ein schwer absehbarer Nutzen, organisatorischer Aufwand und fehlende Fachkräfte. So haben beispielsweise nur 50 % der 500 befragten Unternehmen eine Nachhaltigkeitsstrategie entwickelt, während andere meist nur Einzelmaßnahmen treffen. Die Unternehmen, vor allem kleine und mittlere, wünschen sich laut der Studie des TÜV-Verbands (2023) niedrigschwellige Angebote, um Nachhaltigkeitsprojekte professionell angehen zu können, sowie öffentlich geförderte Beratungsleistungen. Die Umsetzung der vollständigen Klimaneutralität ist bei über 50 % der befragten Unternehmen nicht geplant oder langfristig auf 2030 bis 2050 verschoben.

Aktuell setzen laut der Studie des TÜV-Verbands (2023) Unternehmen auf folgende Maßnahmen:

- 88 % achten auf Müllvermeidung und Recycling,
- 65 % legen Wert auf Umweltfreundlichkeit bei der Auswahl des Materials,
- 63 % nutzen teilweise erneuerbare Energien,
- 51 % planen einen nachhaltigen Fuhrpark,
- 48 % beabsichtigen, ein energieeffizientes Gebäudemanagement einzuführen,
- 38 % haben Richtlinien für klimagerechte Dienstreisen entwickelt und
- 24 % verfügen über eine komplett klimaneutrale Logistik.

> Die Umsetzung der Maßnahmen zu Nachhaltigkeit und Klimaschutz ist schon lange nicht mehr nur ethisch motiviert: In einer Studie der LBBW 2023 wurde nachgewiesen, dass nachhaltige Unternehmen auch erfolgreicher sind.

Die Studie der LBBW (2023) unter 2000 Einzelhandelsunternehmen zeigt, dass das typische deutsche Motto ‚Hauptsache günstig' langsam aus der Mode zu kommen scheint. Mittlerweile geben in Konsumumfragen über 50 % der Menschen an, beim Kauf auf soziale und ökologische Kriterien zu achten. Sowohl im Business-to-Consumer(B2C)- als auch im Business-to-Business(B2B)-Bereich ergehen damit klare Signale an die Unternehmen.

> Es geht bei Nachhaltigkeit und Umweltbewusstsein nicht mehr nur um Effizienz, sondern auch um die Verbesserung des Unternehmensimages, um Mitarbeitendenzufriedenheit und auch um größere Chancen bei der Rekrutierung junger Mitarbeitender, so die LBBW-Studie. Laut dieser Erhebung erwirtschaften Unternehmen mit sinnvollen Nachhaltigkeitskonzepten bereits heute um 6 % mehr Umsatz. Genauen Angaben zum Renditeanteil lassen sich der Studie hingegen nicht entnehmen.

Die Umsetzung von Nachhaltigkeit ist also kein rein ethisches Thema mehr, sondern in der Gesellschaft angekommen. Laut der LBBW-Studie achten 50 % der Kund*innen auf entsprechende Kriterien, eine Mehrheit der Fachkräfte der Generation Z setzt bei der Arbeitgeberwahl Nachhaltigkeit zur Bedingung und auch viele Investoren setzen Nachhaltigkeitsmaßnahmen bei den Unternehmen voraus. Wie die konkrete Ausgestaltung solcher Maßnahmen aussehen kann, wird im nächsten Abschnitt diskutiert.

7.2 Nachhaltigkeitsstrategien in Unternehmen etablieren

Nachhaltigkeit ist von zunehmender Relevanz, doch wie kann dieses Thema in Unternehmen sinnvoll umgesetzt werden? Generell lässt sich die Einführung von Maßnahmen zum Umweltschutz und zur Nachhaltigkeit wie ein üblicher Change-Prozess, also eine Veränderung in Unternehmen betrachten (vgl. Abb. 7.1). Dieser kann anhand des 8-Stufen-Modells eines Veränderungsprozesses von Kotter nachvollzogen werden, an dem ich mich für den Aufbau dieses Abschnitts orientieren werde. Das Modell wurde bereits in Lindner (2022) erklärt und wird hier zusammenfassend dargestellt.

7 Nachhaltigkeit und Umwelt in Unternehmen

Abb. 7.1 Changemanagement nach Kotter. (Quelle: Lindner 2022)

Schritt 1 bis 4: Gefühl der Dringlichkeit bis zur Kommunikation der Vision

Für den ersten Schritt lassen sich zwei Argumentationsansätze verwenden: Auf der einen Seite können Sie ethische Gründe und auf der anderen Seite wirtschaftliche Gründe anführen. Hier liefert Ihnen dieses Fachbuch eine Vielzahl von Fakten und Begründungen.

Nun brauchen Sie auch die Führungskräfte auf Ihrer Seite. Dies ist in meinen Augen der wichtigste Schritt, da die Führungskräfte die Veränderung unterstützen und mit umsetzen müssen. Wenn Sie diesen Support nicht haben, dann brauchen Sie eigentlich nicht anzufangen, da Ihnen ohne die Abteilungs- und Teamleiter*innen weder Ressourcen zur Verfügung stehen noch die Unterstützung bei wesentlichen Entscheidungen. Sprechen Sie deswegen mit allen Führungskräften und überzeugen Sie sie von Ihrem Vorhaben.

Nun entwickeln Sie eine sinnvolle Vision der Nachhaltigkeit. Beispiele sind:

- **Null-CO_2-Emissionen bis 2030**: Unsere Vision ist eine kohlenstofffreie Zukunft durch den ausschließlichen Einsatz erneuerbarer Energien.
- **Zero-Waste-Produktion**: Unser Ziel ist es, eine abfallfreie Produktion zu etablieren und Ressourcenkreisläufe zu schließen.
- **Nachhaltige Lieferketten**: Wir streben transparente und ethisch vertretbare Lieferketten an, die faire Arbeitsbedingungen und umweltfreundliche Praktiken gewährleisten.
- **Kreislauforientierte Produkte**: Unsere Vision ist es, Produkte zu schaffen, die recycelbar, reparierbar und wiederverwendbar sind, um Ressourcen zu schonen.
- **Soziales Engagement für Gemeinwohl**: Wir setzen uns für eine positive soziale Entwicklung ein, indem wir lokale Gemeinschaften unterstützen und faire Arbeitsbedingungen fördern.
- **Innovative Nachhaltigkeit**: Unsere Vision ist es, durch kontinuierliche Forschung und Entwicklung innovative Lösungen zu schaffen, die sowohl ökologische als auch wirtschaftliche Vorteile bieten.
- **Transparente Kommunikation**: Unser Ziel ist es, höchste Transparenz über unsere Nachhaltigkeitspraktiken zu bieten und aktiv mit Kund*innen und Stakeholdern zu kommunizieren.

Als letzten Schritt müssen Sie in Form von Blogs, Mundpropaganda oder – was ich auch oft sehe – Poster den Wandel an alle Mitarbeitenden kommunizieren. Hier gilt: Machen Sie Marketing für Ihre Vision!

Schritt 5 bis 8: Hindernisse, Ziele und Verankerung

Beseitigen Sie nun Hindernisse und fördern Sie die Bereitschaft zur Umsetzung der Umweltmaßnahmen. Dies kann Schulungen, Ressourcenbereitstellung oder Anreize für Mitarbeitende umfassen, um diese zur aktiven Teilnahme zu bewegen. Formulieren Sie danach kurzfristige, erreichbare Ziele, um erste Erfolge zu feiern und den Schwung aufrechtzuerhalten. Dies könnte u. a. sein:

- **Einführung eines Recyclingprogramms**: Setzen Sie klare Ziele für die Reduzierung von Papierverbrauch oder die richtige Entsorgung von Abfällen innerhalb eines bestimmten Zeitrahmens.

- **Plastikverbrauch reduzieren**: Implementieren Sie Maßnahmen wie die Einführung von wiederverwendbaren Behältern oder alternativen Verpackungsmaterialien.
- **Schulungen und Sensibilisierung**: Planen Sie regelmäßige Schulungen für Mitarbeitende, um das Bewusstsein für Umweltthemen zu schärfen und ihre Beteiligung zu fördern.
- **Anreize schaffen**: Belohnen Sie Mitarbeitende für umweltfreundliches Verhalten oder die Umsetzung von Initiativen, um die Motivation und die Beteiligung zu steigern.
- **Überprüfung von Lieferant*innen und Ressourcen**: Untersuchen Sie Lieferant*innen auf ihre Nachhaltigkeitspraktiken und prüfen Sie Möglichkeiten zur Umstellung auf umweltfreundlichere Ressourcen.

Weitere Maßnahmen in diesem Kontext finden Sie im nächsten Abschnitt. Nutzen Sie anschließend die ersten Erfolge, um die Umweltmaßnahmen im Unternehmen zu verankern. Passen Sie Prozesse, Richtlinien und Strukturen an, um Nachhaltigkeit als festen Bestandteil der Unternehmenskultur zu etablieren. Am Ende gilt noch: Verankern Sie die Veränderungen in der Unternehmenskultur. Stellen Sie sicher, dass die umweltbezogenen Maßnahmen und die Denkweise der Nachhaltigkeit kontinuierlich in die Unternehmenskultur übernommen werden. Um Veränderungen in der Unternehmenskultur zu festigen, integrieren Sie umweltbezogene Ziele in Leistungsmaße und Anreizsysteme. Schulungsprogramme fördern Umweltbewusstsein und aktive Mitarbeit und ermöglichen innovative Ideen. Durch interne Kommunikationskanäle für Best Practices kann eine nachhaltige Unternehmenskultur gefestigt und Umweltmaßnahmen können langfristig integriert werden.

7.3 Maßnahmen für Unternehmen

Zwar wurden viele Beispiele genannt, wie diese Maßnahmen aussehen können aber die konkrete Umsetzung nicht. Das ist Thema dieses Abschnitts. An diesen Beispielen können Sie sich orientieren, um ihre Vision sowie kurzfristige Ziele zu formulieren.

Bevor ich auf die Umsetzung der Beispiele eingehe, möchte ich betonen, dass es entscheidend ist, Klimaziele transparent und ehrlich zu kommunizieren und auch umzusetzen. So wurde in der Tagesschau (2023) gemeldet, dass laut Corporate Climate Responsibility Monitor 2023 (Tagesschau 2023) manche Unternehmen lediglich Greenwashing (Marketing statt Taten) anstelle des echten Umweltschutzes betreiben. Wörtlich heißt es in dem Artikel: „Dem Bericht zufolge klafft bei der Mehrzahl der untersuchten Unternehmen eine große Lücke zwischen den präsentierten Klimaschutzzielen und dem damit erreichbaren Klimaschutz." Konkret wurden 24 Unternehmen untersucht, bei denen sich gezeigt hat, dass beispielsweise bestimmte Bereiche ausgeklammert oder Ziele durch Auslassen gewisser Kriterien beschönigt wurden. In der Vergangenheit wurden oftmals Artikel in Zeitschriften veröffentlicht, welche Unternehmen u. a. Verbrauchertäuschung vorwerfen, da die beworbenen Klimamaßnahmen nicht genau nachgewiesen werden konnten. Ich nenne hier absichtlich keine Quelle, da die Vorwürfe nicht belegt sind.

> Kommunizieren Sie ihre Klimamaßnahmen transparent und wahrheitsgemäß und bedenken Sie auch, dass Erfolge messbar sein müssen. Verzichten Sie auf Greenwashing und stehen Sie ehrlich dazu, wo sie Klimaschutz betreiben und wo noch nicht.

7.3.1 CO_2-Emissionen ausgleichen

CO_2-Ausgleich durch Förderung anderer Projekte ist eine wirksame Strategie für Unternehmen, um ihren eigenen ökologischen Fußabdruck zu verringern und gleichzeitig positive Umweltauswirkungen zu erzielen. Mir ist bewusst, dass diese Maßnahme umstritten ist, weil der CO_2-Ausstoß faktisch nicht reduziert, sondern nur kompensiert wird, aber ich halte sie für eine legitime Methode, solange die Technologie noch nicht so weit ist, dass alles klimaneutral funktionieren kann. Beispiele sind:

- **Aufforstungsprojekte**: Durch die Unterstützung von Aufforstungsinitiativen können Unternehmen dazu beitragen, dass neue Wälder gepflanzt oder bereits bestehende aufgeforstet werden. Dies trägt zur CO_2-Bindung bei und unterstützt die BioDiversity.

- **Erneuerbare Energieprojekte:** Investitionen in erneuerbare Energien wie Wind- oder Solarenergie können dazu beitragen, den Ausstoß von Treibhausgasen zu reduzieren, indem sie fossile Brennstoffe ersetzen.
- **Klimasmarte Landwirtschaft:** Förderung von Landwirtschaftsprojekten, die auf nachhaltige Praktiken setzen, beispielsweise die Umstellung auf regenerative Landwirtschaftstechniken. Durch diese Methoden wird CO_2 im Boden gespeichert und die Umweltbelastung verringert.
- **Kohlenstoffabscheidung und -speicherung (CCS):** Investitionen in Technologien, die CO_2 aus der Atmosphäre entfernen und in unterirdischen Speichern ablagern können, sind eine direkte Methode zur Reduzierung von Treibhausgasemissionen.
- **Nachhaltige Entwicklungsprojekte:** Unterstützung von Initiativen, die Gemeinden dabei helfen, sich an den Klimawandel anzupassen und gleichzeitig ökologische, soziale und wirtschaftliche Vorteile bieten.

> Auch ich gleiche meine CO_2-Emissionen aus – beispielsweise auch jene für das vorliegende Fachbuch –, indem ich ein Aufforstungsprojekt unterstütze. Dafür gibt es Anbieter im Internet wie Atmosfair, die genaue Preise pro kg CO_2 angeben.

Doch wie ermitteln Sie den Anteil, den Sie ausgleichen müssen? Dazu zeige ich Ihnen am Beispiel dieses Fachbuchs, wie ich die Werte berechnet habe. Während der Arbeiten saß ich ca. 60 h am PC und nutzte ca. 100-mal eine Google-Suche. Ein durchschnittlicher Desktop-PC kann ungefähr 0,2 bis 0,3 kg CO_2 pro Stunde verursachen. Wenn der PC also 60 h in Betrieb ist, liegt der CO_2-Ausstoß etwa zwischen 12 und 18 kg. Eine einzelne Google-Suche erzeugt im Durchschnitt weniger als 0,2 g CO_2, also unter 1 kg. Dementsprechend habe ich beim Anbieter Atmosfair am 26.11.2023 eine Menge von deutlich mehr also 260 kg CO_2 durch eine Spende ausgeglichen. Da keine Möglichkeit besteht, ein Fachbuch am PC zu schreiben, ohne CO_2 zu produzieren, blieb mir in diesem Fall nur der Ausgleich. Das Geld wird für die Einrichtung effizienter Öfen (80 % weniger CO_2) in Ruanda/Afrika verwendet. Anhand dieses Beispiels können Sie versuchen, ihre CO_2-Werte zu berechnen und ebenfalls auszugleichen. Erste Näherungswerte lassen sich auch mittels

ChatGPT ermitteln. So habe ich beispielsweise den CO_2-Bedarf für meinen Onlineblog berechnet.

> Der Ausgleich von CO_2 ist im Dezember 2023 deutlich in die Kritik geraten, als durch Untersuchungen von Magazinen wie Die Zeit (2023) und The Guardian (2023) Missstände bei Umweltprojekten aufgedeckt wurden. Beispielsweise waren versprochene Waldprojekte kleiner als gedacht und neue Technologien teilweise nutzlos. Achten Sie daher darauf, einen zertifizierten Anbieter zu wählen, der extern, z. B. durch den TÜV, geprüft wird.

7.3.2 CO_2-Emission reduzieren im Unternehmen

Die bessere Möglichkeit zum Umwelt- und Klimaschutz beizutragen, ist, eigene Maßnahmen im Unternehmen zu etablieren. Dazu habe ich auf https://klima-plattform.de (Klima-Plattform 2023) praktische Beispiele gefunden (Stand 04.04.2024) und für Sie zusammengefasst:

- **Energieeffiziente Technologien**: Investitionen in energieeffiziente Geräte und Prozesse, um den Energieverbrauch zu senken.
- **Umstellung auf erneuerbare Energien:** Nutzung von Solar-, Wind- oder Wasserkraft, um den CO_2-Fußabdruck durch den Bezug von grünem Strom zu verringern.
- **Einführung von Mobilitätskonzepten**: Förderung von Carsharing, Fahrradnutzung oder Elektrofahrzeugen für Mitarbeitende, um den CO_2-Ausstoß im Verkehr zu reduzieren.
- **Nachhaltige Lieferketten**: Auswahl von Lieferant*innen, die umweltfreundliche Praktiken anwenden, um den gesamten CO_2-Fußabdruck der Produkte zu verringern.
- **Klimafreundliche Gebäude und Infrastruktur**: Umstellung auf energiesparende Beleuchtung, verbesserte Isolierung und grüne Architektur, um den Energieverbrauch zu senken.
- **Erfassung und Reduzierung von Emissionen**: Systematische Erfassung und Analyse von CO_2-Emissionen, gefolgt von Maßnahmen zur Reduzierung anhand klarer Ziele.

- **Homeoffice und virtuelle Meetings**: Förderung von Homeoffice und virtuellen Konferenzen, um Pendelverkehr und damit den CO_2-Ausstoß zu minimieren.
- **Abfallreduktion und -recycling**: Strategien zur Abfallvermeidung, Recyclingprogramme und Wiederverwendung von Materialien, um Emissionen durch Deponierung zu verringern.
- **Bildung und Sensibilisierung**: Schulungen und Programme, um Mitarbeitende für die Bedeutung von CO_2-Reduzierung und Nachhaltigkeit zu sensibilisieren.

Generell gilt es, zu prüfen, an welchen Stellen Sie sparen oder nachhaltige Technologien etablieren können. Schon auch kleine Stellschrauben helfen unserem Planeten.

7.3.3 Fallstudie eines nachhaltigen IT-Unternehmens

Um konkretes Verständnis für die Umsetzung solcher Maßnahmen zu schaffen, möchte ich im Folgenden ein umfangreiches Beispiel in Form einer Fallstudie anführen. Dafür habe ich das IT-Unternehmen noris network gewählt, in dem verschiedene Maßnahmen angewendet werden, um die Umweltbilanz des Unternehmens zu verbessern.

Unternehmensprofil
Die noris network AG aus Nürnberg ist ein renommierter IT-Dienstleister mit einer klaren Vision für Nachhaltigkeit und Umweltschutz. Das Unternehmen maßgeschneiderte ITK-Lösungen in den Bereichen IT-Outsourcing, Cloud Services sowie Network & Security. Technologische Basis dieser Services ist eine leistungsfähige IT-Infrastruktur mit einem noris network-eigenem Hochleistungs-Backbone und mehreren Hochsicherheitsrechenzentren. Mit einem starken Fokus auf CO_2-Neutralität und Ressourcenschonung hat es sich zum Ziel gesetzt, innovative Technologien und Praktiken zu implementieren, um einen positiven Beitrag zum Klima zu leisten. Die Maßnahmen für Nachhaltigkeit sind:

1. **CO_2-neutrale Energienutzung:**
   - **Heizung:** Büro- und Betriebsräume werden seit 2010 mithilfe von Wärmepumpen beheizt, die auf CO_2-neutrale Energieträger setzen. Dadurch wird der CO_2-Ausstoß erheblich reduziert.
   - **Beleuchtung:** Durch LED-Beleuchtung mit Bewegungssensoren wird der Energieverbrauch reduziert und die Ressourcennutzung optimiert.

2. **Reduktion von Papierverbrauch und Ressourceneffizienz:**
   - **Papierloses Büro:** Dokumente werden weitestgehend digital verwaltet und nur ausgedruckt, wenn es unbedingt erforderlich ist.
   - **Stromsparende Monitore:** In den Büroräumen werden anstelle von stromfressenden Beamern zunehmend Monitore verwendet, die auch als elektronische Whiteboards funktionieren. So werden Strom, Papier für Flip Charts sowie Stifte gespart.

3. **Verantwortungsvolle Entsorgung und Recycling:**
   - **Batterierecycling:** Mitarbeitende haben Zugang zu Sammeltonnen für Batterien, um eine korrekte und umweltfreundliche Entsorgung zu gewährleisten.
   - **Rohstoffrecycling:** Geschredderte Datenträger wie Festplatten oder alte Monitore werden einem Recyclingprozess zugeführt, um wertvolle Ressourcen zurückzugewinnen.

4. **Nachhaltige Beschaffung und betriebliche Maßnahmen:**
   - **Regionale Milchlieferungen:** Bezug von Milch für die Kaffeemaschine von örtlichen Bauern in wiederverwendbaren Behältern, um Transportemissionen zu minimieren.
   - **E-Autos als Firmenwagen:** Umstellung auf Elektrofahrzeuge als Firmenwagen zur Reduzierung von CO_2-Emissionen im Fuhrpark.

5. **Nachhaltige Rechenzentren (vgl. Abb. 7.2)**
   - **Kühlung:** Effiziente und Energiesparende Kühlung mit indirekter Außenluft.

7 Nachhaltigkeit und Umwelt in Unternehmen

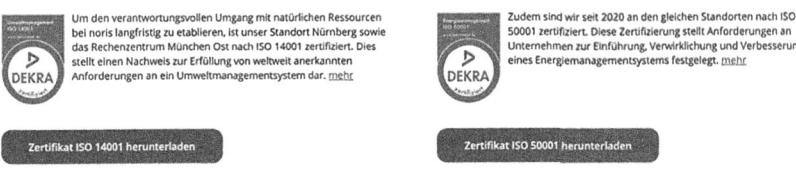

Abb. 7.2 Ausschnitt aus der Website von noris network AG (2023)

- **Effizienz**: Trafos mit niedrigem Verlust sowie Unterbrechungsfreie Stromversorgung (USVs) der neuesten Generation mit höchstem Wirkungsgrad.
- **Strom**: Seit über 10 Jahren Verwendung von CO_2-neutralem Strom für alle Rechenzentren.

Vorstand und Mitgründer Joachim Astel zieht als Fazit: Durch die konsequente Umsetzung dieser Maßnahmen können wir als Unternehmen die CO_2-Emissionen erheblich reduzieren und eine effiziente, nachhaltige Arbeitsumgebung schaffen. Die klare Kommunikation der Maßnahmen schützt nicht nur das Klima, sondern stärkt das Umweltbewusstsein der Mitarbeitenden und schafft ein positives Image bei Kund*innen und potenziellen Bewerbenden.

7.4 Marketingstrategien für die Maßnahmen

Es ist essenziell, dass diese Maßnahmen sinnvoll beworben werden – einerseits, um wirtschaftliche Ziele zu erreichen, und andererseits, um die ethische Verantwortung in der Gesellschaft zu festigen. Ich empfehle folgende Maßnahmen:

- **Social-Media-Kampagnen**: Starten Sie gezielte Kampagnen auf Plattformen wie Instagram, Twitter oder LinkedIn, um über Ihre CO_2-Maßnahmen zu informieren. Teilen Sie Bilder, Videos oder Infografiken, um Ihre Umweltinitiativen und Fortschritte zu visualisieren.
- **Nachhaltige Blogbeiträge oder Artikel**: Veröffentlichen Sie regelmäßig Artikel oder Blogposts auf Ihrer Website, in denen Sie detailliert über Ihre CO_2-Maßnahmen berichten. Diskutieren Sie die getroffenen Maßnahmen, den Fortschritt und die Auswirkungen auf die Umwelt (vgl. Abb. 7.2).
- **Partnerschaften und Kooperationen**: Suchen Sie nach Möglichkeiten, um mit anderen Unternehmen, Organisationen oder Influencern zusammenzuarbeiten, die sich ebenfalls für Nachhaltigkeit einsetzen. Durch gemeinsame Projekte oder Veranstaltungen kann die Reichweite Ihrer Botschaft erweitert werden.
- **Newsletter und E-Mail-Marketing**: Nutzen Sie Ihre bestehenden Kund*innenkontakte, um regelmäßige Updates über Ihre Nachhaltigkeitsinitiativen zu versenden. Zeigen Sie den Fortschritt, teilen Sie Geschichten und ermutigen Sie zum Engagement.
- **Verpackung und Kennzeichnung**: Kennzeichnen Sie Ihre Produkte deutlich mit Hinweisen auf Nachhaltigkeitsmerkmale, z. B. CO_2-neutrale Produktion, um das Bewusstsein direkt am Produkt zu schärfen. Verwenden Sie umweltfreundliche Verpackungen und kommunizieren Sie dies ebenfalls klar.
- **Events und Webinare**: Organisieren Sie Veranstaltungen oder Webinare, um über Nachhaltigkeitsthemen zu sprechen. Zeigen Sie Ihre Bemühungen, diskutieren Sie Herausforderungen und ermutigen Sie zur Teilnahme an Diskussionen.

- **Kund*innenfeedback und Geschichten**: Sammeln Sie Erfahrungen und Geschichten von Kund*innen, die Ihre umweltfreundlichen Produkte oder Initiativen unterstützen. Teilen Sie diese Erfahrungen in sozialen Medien, auf der Website oder in Werbekampagnen.
- **Werbung mit Nachhaltigkeitsfokus**: Schalten Sie gezielte Werbung, um Ihre Umweltmaßnahmen hervorzuheben – sei es in Printmedien, Onlineanzeigen oder Fernsehspots – und nutzen Sie diese Plattformen, um Ihre Botschaft zu verbreiten.
- **Zertifizierungen**: Sie können Ihr Unternehmen auch im Rahmen von ISO 50001 und ISO 14001 im Kontext Energie- und Umweltmanagement als neutral zertifizieren lassen.

7.5 Fazit

In diesem Kapitel wurde das Thema Nachhaltigkeit und Umwelt diskutiert. Dazu wurden im ersten Teil des Kapitels Studienergebnisse zum Stand der Dinge vorgestellt. Als wesentliche Erkenntnis lässt sich festhalten, dass 50 % der Unternehmen aktuell bereits konkrete Maßnahmen einleiten. Hindernisse ergeben sich z. B. durch die Kosten oder die Wirtschaftlichkeit. In den Studien wurde kritisiert, dass häufig die Wirtschaftlichkeit im Vordergrund steht, was jedoch nachvollziehbar erscheint, da Unternehmen aktuell über weniger Geldreserven verfügen. Dennoch ist es möglich, Maßnahmen auch kostengünstig zu ergreifen. In einer Studie wurde gezeigt, dass ökologisch nachhaltige Unternehmen auch wirtschaftlich nachhaltig erfolgreicher sind. Die Umsetzung der entsprechenden Maßnahmen wurde anschließend anhand des 8-Stufen-Modells eines Veränderungsprozesses von Kotter erläutert. Um die Darstellung durch praxisnahe Tipps zu ergänzen, wurden im letzten Teil des Kapitels Beispiele zur Umsetzung von CO_2-reduzierenden Maßnahmen erläutert. Dabei zeigt sich, dass sich bereits der Austausch von Glühbirnen oder Monitoren, die Verwendung von Leasingfahrzeugen und regionale Milchlieferungen wesentlich im Interesse der Umwelt auswirken können. Um diese Erkenntnisse auch in der Gesellschaft zu festigen, wurden am Ende des Kapitels noch Empfehlungen für die Kommunikation der Maßnahmen gegeben.

Literatur

Klima-Plattform (2023). Voneinander Lernen. https://www.klima-plattform.de/angebote/gute-beispiele. abgerufen am 26.11.2023

LBBW (2023). Warum nachhaltige Unternehmen erfolgreicher sind. https://www.lbbw.de/artikelseite/maerkte-verstehen/warum-nachhaltige-unternehmen-erfolgreicher-sind_7az2nfam2_d.html.html. abgerufen am 26.11.2023

Lindner, D. (2022). Hybride Arbeitswelt Empfehlungen für die Arbeit zwischen Home und Office. Springer Gabler.

noris network (2023). Nachhaltigkeit wir arbeiten an der Zukunft. https://www.noris.de/unternehmen/nachhaltigkeit/. abgerufen am 04.04.2024

Universität Mannheim (2023). GBP Monitor Juni. https://www.uni-mannheim.de/newsroom/presse/pressemitteilungen/2023/juni/gbp-monitor-juni-mehr-als-die-haelfte-der-unternehmen-setzt-massnahmen-in-umwelt-und-klimaschutz-um-bei-der-erfolgsmessung-dominieren-aber-finanzielle-ziele/. abgerufen am 26.11.2023

Tagesschau (2023). Unternehmen tun zu wenig fürs Klima. https://www.tagesschau.de/wissen/klima/corporate-climate-responsibility-monitor-101.html. abgerufen am 26.11.2023

The Guardian (2023). Revealed: top carbon offset projects may not cut planet-heating emissions. https://www.theguardian.com/environment/2023/sep/19/do-carbon-credit-reduce-emissions-greenhouse-gases. abgerufen am 26.11.2023

TÜV-Verband (2023). Umwelt- und Klimakrise belastet deutsche Unternehmen massiv. https://www.tuev-verband.de/pressemitteilungen/sustainability-studie. abgerufen am 26.11.2023

Zeit (2023). Ein Strauß leerer Versprechen. https://www.zeit.de/2022/37/klimalabel-klimaneutralitaet-klimaschutz-versprechen. abgerufen am 26.11.2023

8
Handlungsempfehlungen und Fazit

In diesem Fachbuch wird über die Herausforderungen für Managerinnen und Manager im Jahr 2024 diskutiert und es werden Lösungsansätze aufgezeigt. Untermauert werden die Ansätze mit Erkenntnissen aus wissenschaftlichen Studien sowie mit praxisnahen Beispielen. Die Schwerpunkte dieses Fachbuchs sind:

- Wirtschaftslage in Deutschland
- Rentabilitätssteigerung in Unternehmen
- Arbeitswelt 2024 mit Themen wie Fachkräftemangel, Diversity und Generation Z
- Moderne Führungsansätze
- KI in Unternehmen
- Nachhaltigkeit und Umwelt in Unternehmen

Im Folgenden wird für alle fünf Schwerpunkte nochmals eine Zusammenfassung gegeben und es werden Handlungsempfehlungen für die Praxis abgeleitet.

Der **Themenschwerpunkt Wirtschaftslage in Deutschland** dient als eine Grundlage für dieses Buch. Das entsprechende Kapitel beschreibt die Motivation, sich mit Themen wie Rentabilität oder einem konstruktiven Fachkräftemangel zu beschäftigen. Ich fasse daher im Folgenden die Fakten kurz zusammen. Der Schwerpunkt von Kap. 3 ist die Etablierung von Rentabilitätsstrategien.

> Es ist ein Fakt, dass das Bruttoinlandsprodukt (BIP) im Jahr 2023 um 0,5 % sinkt und damit eine Rezession der Wirtschaft droht. Im Jahr 2024 soll diese Zahl nur leicht steigen, was sich derzeit jedoch noch nicht bestätigen lässt. Auch die Anzahl der Insolvenzen bei Unternehmen ist auf einem sehr hohen Stand. Als Ursachen wurden vor allem zu viel Bürokratie, gestiegene Energiekosten, eine hohe Steuerlast und der Mangel an Fachkräften ermittelt. Dies spiegelt sich auch in der zunehmenden Abwanderung von Unternehmen ins Ausland. Grundlegend ist die Wirtschaftslage deutlich schlechter als noch in den Jahren 2015–2019, was in Kap. 3 des Fachbuchs anhand von Statistiken gezeigt wird.

Aus diesem Grund ist es notwendig, sich dem zweiten Schwerpunkt zu widmen: der **Rentabilitätssteigerung in Unternehmen**. In Kap. 3 wurde festgestellt, dass Unternehmen häufig trotz voller Auftragsbücher in die Insolvenz gehen, was auf ineffiziente Prozesse zurückzuführen ist. Daher umfasst das Kapitel zunächst einen Grundkurs in Bezug auf die relevanten Kennzahlen zum Thema Controlling. Das schließt zahlreiche Aspekte ein, die oft nicht erfasst werden: So wird ein Prozess zwar nach Kosten bemessen, während weitere wesentliche Faktoren unberücksichtigt bleiben. Daraus ergibt sich die Gefahr, dass der Prozess nicht mehr rentabel ist. Ein zweiter entscheidender Punkt ist die Optimierung von internen Prozessen. Hier empfiehlt es sich, die Durchläufe von Prozessen zu messen. Oft sind Prozesse ineffizient oder binden zu viele Entscheidungsträgerinnen und Entscheidungsträger ein. Dadurch werden Unternehmen auf der einen Seite langsam und auf der anderen Seite steigen die Kosten. Ein weiterer Punkt sind die gestiegenen Gehälter. An Beispielen wurde deutlich, dass häufig sehr gut bezahlte Mitarbeitende in Projekten beschäftigt werden, die allein durch ihre Gehaltsstufe nicht mehr rentabel sind. Am Ende des Kapitels wurde schließlich auf die Umsetzung von internen Maßnahmen und Projekten eingegangen. Oft werden diese internen Investitionen nicht ausreichend geplant oder nicht zu Ende gebracht und bewirkt damit hohe Kosten, die zudem vielfach nicht erfasst werden. Aus den in diesem Kapitel vorgestellten Fakten und Zusammenhängen lassen sich folgende Handlungsempfehlungen ableiten:

- Es empfiehlt sich, eine sinnvolle und vollständige Kostenstruktur im eigenen Unternehmen zu etablieren und diese pro Projekt auch sinnvoll zu erfassen. So ist beispielsweise zu beachten, dass der Posten Projektmanagement nicht vergessen wird. Auch die interne Organisation kann viel Zeit in Anspruch nehmen und damit ein Projekt nicht mehr rentabel machen.
- Messen Sie einzelne Durchläufe von wichtigen Kernprozessen im Unternehmen, etwa anhand der Anzahl der Meetingzeiten und der beteiligten Personen. Sie können im ersten Schritt die Gehälter einfach gegenrechnen. Nun wissen Sie, was sie ein Prozesslauf kostet. Sie werden bei einigen Durchläufen feststellen, dass selbst die Optimierung um eine Stunde schon eine höhere Rentabilität bringt.
- Überprüfen Sie regelmäßig anhand der Gehaltsklasse, ob Mitarbeitende für gewisse Projekte oder Tätigkeiten geeignet sind. Setzen Sie teure Mitarbeitende für gut bezahlte Projekte und wichtige Prozesse ein, während sich bei weniger hoch vergüteten Projekten auch Berufsanfänger*innen bewähren dürfen.
- Führen Sie für interne Maßnahmen ein ähnliches Projektmanagement durch wie für Kundenprojekte. Formulieren Sie klare Ziele, erarbeiten sich ein Stundenkontingent und errechnen Sie daraus die entstehenden Kosten anhand der Gehälter. Entscheiden Sie nun, ob die Maßnahme auch langfristig rentabel ist, und führen Sie diese dann konsequent durch.

Ein weiteres relevantes Thema ist die **Arbeitswelt im Jahr 2024** in Kap. 4. Hier wurde bei einem Vergleich zwischen 2015 und 2023 begonnen, aus dem sich ergeben hat, dass der Fachkräftemangel im Vergleich zu 2015 ein wenig nachgelassen hat, wenngleich die Situation nach wie vor angespannt ist. Auch wenn sich die Bedingungen verändert haben, bleibt die Herausforderung für die Unternehmen. Eine wesentliche Erkenntnis besteht darin, dass sich das gesuchte Stellenprofil von zwischen ein bis drei Jahren Berufserfahrung hin zu etablierten Fachkräften mit fünf oder mehr Jahren Erfahrung verschoben hat. Auch die Anzahl der Stellenausschreibungen ist deutlich rückläufig, in vielen Fällen sogar um knapp 20 %. Dieses umfangreiche Kapitel hat folgende Schwerpunkte:

- Diversity
- Generation Z
- Recruiting
- Benefits

Ein Aspekt, mehr Fachkräfte anzusprechen, ist das Thema Diversity. Hier geht es vor allem darum, eine Kultur zu schaffen, in der Menschen ungeachtet von Herkunft, Alter, Geschlecht oder sonstiger Merkmale willkommen sind. In diesem Zusammenhang lohnt es sich, Teams aus Menschen verschiedener kultureller Prägung zu formen. Weiterhin kann darauf geachtet werden, dass bestimmte soziale Gruppen in Stellenanzeigen gezielt angesprochen werden. Eine weitere Möglichkeit, Fachkräfte zu finden, ist die Konzentration auf die Generation Z. Dazu ist es sinnvoll, auf deren Wünsche und Erwartungen an ihre potenziellen Arbeitgeber einzugehen. Die Vertreterinnen und Vertreter dieser jüngeren Generation fühlen sich weniger an Unternehmen gebunden und fordern dagegen deutlich mehr Lob, unbefristete und planbare Stellen und eine gewisse Lockerheit in der Arbeit. Versuchen Sie daher Spaß, Anerkennung und Sicherheit zu vermitteln.

Ein weiteres Thema in diesem Kapitel ist **modernes Recruiting**. In diesem Zusammenhang wurde erläutert, dass Fachkräfte deutlich leichter den Arbeitgeber wechseln und sich oft sogar aus einer Laune heraus bewerben. Eine Möglichkeit, dies als Unternehmen zu nutzen, sind One-Click-Bewerbungen, die eine schnelle und einfache Kontaktaufnahme gewährleisten. Dazu kommen Optionen wie Videobewerbung und LinkedIn-Accounts als Mittel, um Reichweite und eine Arbeitgebermarke aufzubauen. Hier wurden Accounts von namhaften CEOs vorgestellt, denen es gelungen ist, eine hohe Reichweite zu erzeugen. Am Ende wurde auf Reels in TikTok und Instagram eingegangen, die sich als geeignetes Mittel erweisen, um in einer kurzlebigen Gesellschaft schnell zugängliche Inhalte zu bieten. Eine Fallstudie rundet das Kapitel ab.

8 Handlungsempfehlungen und Fazit

Anschließend wurde über das Thema **Benefits** für Arbeitnehmer*innen diskutiert. Dabei wurde zunächst der Bereich Mental Health in den Blick genommen und auf das Thema Teilzeit eingegangen, das eine Möglichkeit darstellt, eine bessere Work-Life-Balance zu erreichen. Es wurde gezeigt, wie Teilzeitstellen im Unternehmen sinnvoll eingegliedert werden können. Anschließend wurde auf weitere Angebote eingegangen, um die Mental Health steigern, wie Angebote für Kinderbetreuung oder spezielle Kurse zur Steigerung des persönlichen Wohlbefindens. Im Folgenden findet sich eine Zusammenfassung des Kapitels als kompakte Handlungsempfehlungen.

- Die starke Zurückhaltung der deutschen Wirtschaft bei Investitionen schlägt sich aktuell auch in der Nachfrage nach neuen Fachkräften nieder. Diese sinkt in vielen Bereichen, bleibt aber weiterhin auf einem hohen Niveau. Allerdings konzentriert sie sich derzeit stärker auf Fachkräfte mit mehr Erfahrung.
- Integrieren Sie Diversity in den Recruiting-Prozess und überarbeiten Sie diesen, um die Vielfalt der Bewerbenden zu erhöhen. Verwenden Sie verschiedene Rekrutierungskanäle, Plattformen und Netzwerke, damit Sie eine breite Palette von Talenten ansprechen. Stellen Sie sicher, dass Stellenanzeigen inklusiv und nichtdiskriminierend formuliert sind.
- Die Generation Z strebt nach Sicherheit und einer klaren Abgrenzung zum Privatleben. Arbeitgeber müssen Stellen genauer beschreiben und Möglichkeiten bieten, Privatleben und Beruf zu trennen. Es wird empfohlen, Stellenprofile beim Bewerbungsprozess im Detail zu definieren und zu erklären. Auch kann es nützlich sein, eine rudimentäre Berufsberatung vorzunehmen und tendenziell unbekannte Stellen den jungen Menschen besser zu erklären oder Schnuppertage anzubieten.
- Recruiting erfolgt nach wie vor häufig nach einem etablierten Schema: Eine Stelle wird ausgeschrieben, danach wird auf eine Bewerbung gewartet, die den Bewerbenden Zeit kostet, weil viele Dokumente eingereicht werden müssen. Meine Empfehlung: Setzen Sie auf One-Click-Bewerbungen und Bewerbungsvideos. Auch Reels auf Instagram, TikTok und LinkedIn sorgen für eine höhere Reichweite und bedienen den neuen Trends der Schnelllebigkeit. Das höhere Aufkommen von Bewerbungen kann mittels neuer Prozesse und digitaler Tools vereinfacht bewältigt werden.

- Teilzeit ist das neue Homeoffice – Während vor einigen Jahren eine fehlende Homeofficeoption für viele Fachkräfte besonders der Generation Y ein Grund war, eine Stelle abzulehnen, gelten nun Teilzeitmöglichkeiten, Work-Life-Balance und Mental Health (besonders Generation Z) als Bedingungen für einen Stellenantritt.

Das nachfolgende Kapitel befasst sich mit modernen **Führungsansätzen** in Kap. 5. Hier lag der Schwerpunkt darauf, zu berücksichtigen, dass Menschen heute verstärkt unter Zweifeln und Unsicherheit leiden. Das ist auch oft ein Grund für vermehrte Arbeitgeberwechsel oder nachlassende Arbeitsleistung. Dabei wurde zunächst darauf hingewiesen, wie viel Zeit durch psychische Erkrankungen im Job verloren geht. In einer Fallstudie wurde anschließend demonstriert, wie die kognitive Verhaltenstherapie von Führungskräften angewandt werden kann, um Mitarbeitenden in schwierigen Zeiten zu helfen.

- Führung ist ein Werkzeugkoffer – ich zeige in diesem Fachbuch neue Werkzeuge, die einen Platz im aktuellen Koffer finden sollten.
- Eine entscheidende neue Fähigkeit von Führungskräften ist es, Menschen dabei zu unterstützen, Sicherheit zu gewinnen und im Job aufgebaute und unterdrückte Wut auszugleichen. Damit kann vermieden werden, dass die Bindung zum Unternehmen sinkt und die Wechselbereitschaft von Fachkräften steigt. Hierfür wurden Grundlagen der kognitiven Verhaltenstherapie empfohlen.
- Auch der Wunsch nach Konsequenz ist ein Charakteristikum der aktuellen Zeit. Konsequenz ist dabei nicht mit Härte und Strafe gleichzusetzen, sondern steht für eine klare Kommunikation und die Einhaltung der eigenen Entscheidungen. Eine konstruktive Konsequenz hilft Mitarbeitenden, Sicherheit zu gewinnen.
- Sie können die Tipps im Alltag erproben – ich stelle Ihnen dazu eine kompakte Liste mit Fragen zum Download zur Verfügung unter: https://fragen.agile-unternehmen.de

Ein weiteres Thema, das sich mit rasender Geschwindigkeit weiterentwickelt, ist das **Thema KI** in Kap. 6. Aktuell nutzen laut einer Studie 15 % der deutschen Unternehmen aktiv Anwendungen mit künstlicher

Intelligenz – es ist jedoch davon auszugehen, dass viele Unternehmen die KI unbewusst ebenfalls im Einsatz haben. Als Anwendungsfälle sind vor allem die Erstellung von Texten, Bildern und Musik sowie die Gesichtserkennung und Prognosen zu nennen. Deutsche Unternehmen verhalten sich in diesem Bereich generell zögerlich, aufgrund von Datenschutzbedenken, mangelndem Know-how und der fehlenden Planbarkeit durch Gesetze. In diesem Kapitel wurden fünf Fallbeispiele für den Einsatz von KI in Unternehmen vorgeführt. Der Abschluss der Ausführungen bildet ein Interview mit einem KI-Experten. Aus diesem Kapitel lassen sich folgende Empfehlungen ableiten:

- Setzen Sie sich klare Ziele für den Einsatz von KI und nehmen Sie die Fallstudien als Inspiration. Versuchen Sie, die Ziele so genau es geht zu konkretisieren und bauen Sie im Unternehmen dazu Wissen auf. Sie bedienen sich eines wichtigen Prinzips: teilen und herrschen. Das bedeutet: Sie zerlegen komplexe Themen in kleine, verständliche Teilaspekte.
- Sehen Sie KI erstmal nur als Helfer*in in der täglichen Arbeit und setzen Sie sie ähnlich wie andere Unternehmen für Kund*innenservice, Textformulierungen und zur Prognoseunterstützung ein.
- Sie nutzen mit Sicherheit deutlich mehr KI als Sie denken. Schauen Sie sich im Unternehmen um und identifizieren Sie bereits genutzte KI-Anwendungsfälle. Erkennen Sie KI nicht nur als Hype, sondern als eine aktive Chance für Ihr Unternehmen.

Der letzte behandelte Schwerpunkt betrifft **Nachhaltigkeit und Umwelt in Unternehmen** in Kap. 7. In diesem Kapitel wurde festgestellt, dass bereits zahlreiche Unternehmen in Deutschland die Umwelt aktiv unterstützen. Beispiele sind Müllvermeidung, der umweltfreundliche Einsatz von Ressourcen aller Art und die Nutzung erneuerbarer Energien. Unternehmen konzentrieren sich so auf ihre ethische Verantwortung. Da die Thematik mittlerweile auch in der Gesellschaft verankert ist, wird sie vor allen von Kund*innen an Unternehmen als Forderung weitergegeben. Daraus folgt, wie sich wissenschaftlich beweisen lässt, dass nachhaltige Unternehmen auch nachhaltig mehr Umsatz machen. Im ersten Teil des Kapitels wird gezeigt, dass die Einführung von Nachhaltigkeit zunächst nach den üblichen Modellen des Veränderungsmanagements erfolgen kann. Dies wurde am Beispiel des 8-Stufen-Modells von Kotter illustriert. Anschließend wurden verschiedene Maßnahmen vorgestellt, wie die Umwelt nachhaltig geschützt werden kann. Eine Möglichkeit ist der Ausgleich von CO_2-Emissionen. Der Ausgleich empfiehlt sich in Bereichen, die aktuell noch nicht durch moderne Technologien klimaneutral und wirtschaftlich sinnvoll umgesetzt werden können. Auch für dieses Fachbuch habe ich die CO_2-Emissionen ausgeglichen, da ich Computer und Internet nutzen musste und dadurch CO_2 erzeugt wurde. Anschließend wurden weitere Maßnahmen erläutert, um aktiv CO_2-Emissionen zu reduzieren. Abgerundet wurde dieses Kapitel durch Vorschläge, wie der Umweltschutz transparent und sinnvoll kommuniziert werden kann. Dies hilft einerseits, Kund*innen zu gewinnen und andererseits das Thema in der Gesellschaft zu stärken. Die Handlungsempfehlungen für dieses Kapitel sind:

- Generell kann, neutral betrachtet, die Einführung von Maßnahmen für Umweltschutz und Nachhaltigkeit wie ein Change, also eine Veränderung in Unternehmen, begriffen werden. Hierzu kann das 8-Stufen-Modell von Kotter herangezogen werden.
- Kommunizieren Sie ihre Klimamaßnahmen ehrlich und transparent und denken Sie auch daran, dass Erfolge messbar sein sollten.
- Nicht immer ist es möglich, klimaneutral zu arbeiten. CO_2-Ausgleich durch Förderung anderer Projekte ist eine wirksame Strategie für Unternehmen, um ihren eigenen ökologischen Fußabdruck zu kompensieren und gleichzeitig positive Umweltauswirkungen zu erzielen.
- Es gibt zahlreiche Maßnahmen, wie Sie im Tagesgeschäft auf einfache Art und Weise CO_2 reduzieren können. Dies beginnt bei der Heizung, der Beleuchtung, dem Recycling oder mit neuen Monitoren. Zudem können Getränke regional bezogen und E-Autos in die Firmenflotte aufgenommen werden.
- Überlegen Sie sich auch, wie Sie die Maßnahmen zur Schonung unserer Umwelt, transparent und sinnvoll kommunizieren.

Am Ende dieses Fachbuchs hoffe ich, dass Sie aus den Inhalten für Sie nützliche Ansätze und Inspirationen gewonnen haben. Als nebenberuf-

8 Handlungsempfehlungen und Fazit

licher Wissenschaftler und hauptberufliche Führungskraft, die Teil der Entscheidungsfindung und eines Teams von über 30 Mitarbeitenden ist, kenne ich die Anforderungen und Veränderungen, die die Generation Z, die Rezession und die Aufbruchsstimmung in Bezug auf Nachhaltigkeit und KI mit sich bringen, aus erster Hand. In diesem Buch finden Sie neben wissenschaftlichen Erkenntnissen auch meine eigenen Einblicke in Form von praktischen Ratschlägen für Führungskräfte. Ich hoffe, dass dieses Buch nicht nur Einblicke, in die sich stetig entwickelnde Arbeitswelt bietet, sondern auch hilfreiche Impulse für erfolgreiche Anpassungen und Innovationen liefert.

Es war mir eine große Freude, dieses Fachbuch zu schreiben, und ich hoffe aufrichtig, dass es Ihnen beim Lesen genauso viel Freude bereitet hat wie mir beim Verfassen. Nochmals möchte ich Ihnen meinen herzlichen Dank aussprechen, dass Sie sich die Zeit genommen haben, dieses Fachbuch zu lesen.

SPRINGER NATURE

GPSR Compliance

The European Union's (EU) General Product Safety Regulation (GPSR) is a set of rules that requires consumer products to be safe and our obligations to ensure this.

If you have any concerns about our products, you can contact us on ProductSafety@springernature.com

In case Publisher is established outside the EU, the EU authorized representative is:

Springer Nature Customer Service Center GmbH
Europaplatz 3
69115 Heidelberg, Germany

The manufacturer's authorised representative in the EU is Springer Nature Customer Service Centre GmbH, Europaplatz 3, 69115 Heidelberg, Germany. If you have any concerns regarding our products, please contact ProductSafety@springernature.com

Printed and bound by CPI Group (UK) Ltd, Croydon, CR0 4YY
25/03/2026
02078185-0007